不道徳
お母さん
講座

私たちはなぜ
母性と自己犠牲に
感動するのか

堀越英美

河出書房新社

不道徳お母さん講座

私たちはなぜ
母性と自己犠牲に
感動するのか

目　次

装画　ますこえり
装幀　川名潤

不道徳お母さん講座

私たちはなぜ
母性と自己犠牲に
感動するのか

まえがきに代えて

二〇一八年度から、小学校で道徳が正式な教科になった。

教科化にあたり、学習指導要領に教えることが定められたのは、「伝統と文化の尊重、国や郷土を愛する態度」「家族愛、家庭生活の充実」「節度・節制」「規則の尊重」「勤労、公共の精神」など二二項目。これらを教えることで、いじめを防止することができるらしい。愛、尊重、充実……きれいな言葉ばかりだし、悪いことは言ってないんじゃない？

ところがNHK『クローズアップ現代「〝道徳〟が正式な教科に　密着・先生は？　子どもは？」』（二〇一八年四月二三日）で放送された道徳の授業は、多くの視聴者の顔を曇らせるものだった。特に話題になったのは、定番教材「お母さんのせいきゅう書」をめぐる授業である。物語の内容は、たかし君という男の子が「お使い代」「お掃除代」「お留守番代」として五〇〇円の請求書を母親に渡し、母親は「病気をしたときの看病代」などの項目をすべて〇円とした請求書をお返しに渡すというもの。たかし君の目は涙でいっぱいになり、お手伝いを積極的にするようになったのでした……。要は、母の無償の愛をありがたく受け止めガキは反省してキリキリ働けや、という教材である。

まず、子供たちは母親の気持ちを考えさせられる。求められている回答は、「お母さんは子供を愛しているからお金なんかもらわなくてもすすんでお世話をするわ（暗黙のメッセージ「だから子供であるお前もそうするべし」）」といったところだろうか。番組では、ほとんどの子供たちが空気を読んでその手の回答をする。ところが一人だけ、「子どもっていいな。えらいことするとお金がもらえるから、私も子どもがいいな」と答えた男児がいた。空気を乱す回答に、他の子供たちから笑いが浴びせられる。ショックで泣いてしまう男児。彼の母親は共働きで、その答えは仕事と家事をこなす母親の苦労を思いやってのものだった。教科化した道徳では、母親を人間として扱って苦労を思いやるような優しさを捨てて、「母親は無償の愛で子供に尽くす聖なる存在」という権力者たちの思い込みを尊重しないと笑い物になってしまうらしい。

続いて紹介されたのは、「規則の尊重」を教える教材「星野君の二るい打」。星野君は監督が出した送りバントのサインを無視して二塁打を放ち、チームを勝利に導く。喜ぶ星野君に対し、監督は「ぎせいの精神の分からない人間は、社会へ出たって、社会をよくすることなんか、とてもできないんだよ」と叱りつけ、大会への出場禁止を告げる。本稿執筆中の今（二〇一八年五月）まさに、日本大学アメリカンフットボール部の選手が監督・コーチの指示で相手チームの選手を負傷させたと記者会見で告白した件がメディアで大々的に報道されている。道徳の教科書で作り話を読むよりも、「上官の指示は絶対という道徳で本当に社会をよくすることはできるのでしょうか」「パワハラで意に添わぬ指示を強制されたら弁護士に相談しましょう」などと新聞記事を元に話し合ったほうが、よほど実地に即したモラルを学べそうに思える。

道徳の教えが現実に起きる諸問題を解決してくれそうもない、と感じる事例はまだある。女性記者が官僚のセクハラを録音によって告発した行為に対し、自民党の下村博文元文部科学相が「ある意味で犯罪だ」と講演会で述べた件が二〇一八年四月に報じられたが、この下村氏は道徳の教科化を推し進めた中心人物なのだ。道徳が標榜するいじめ防止効果とは、いじめをなくすのではなく、告発者の口を塞いでいじめをなかったことにするというものなのだろうか。


ちなみに我が子も、「お母さんのせいきゅう書」を使った道徳の授業を受けたことがある。教科化される前の年だったこともあって、授業はすこぶる楽しかったそうだ。

「『留守番代二百円たけぇぇえ！　それならオレ超金持ちだわ』『たかしうぜぇ！』『親にたかるとは将来とんでもないクズになるぞ』『お母さんも甘すぎ。こづかいもうあげただろ！　って叱れよ！』『一枚目の挿絵のシメシメ顔がムカつく』『だいたいクソヤローのくせになにいきなり反省してんの』って、みんなでたかしを叩いて超盛り上がった！　先生に『うるせぇ！』って怒られたけど」

たかし、大炎上である。教材のリアリティの無さに対して容赦なくツッコミを入れられる道徳の授業なら楽しそうだ。しかし教科になってしまっては、国によって正解が定められ、このような自由さは失われてしまう。しかも正解の基準を決めるのは、セクハラ被害を告発した女性を犯罪者扱いするような人々なのだ。

道徳の教科化の問題とは別に、気になる点もある。なぜ、道徳で「母親の無償の愛に感動して涙する子供の物語」を教えなければならないのか。子供に家事をさせたいなら、家事能力の高さが幸福度を上げること、母親一人に担わせるには負担が大きいことなどをデータで示せばいい話である。何も物語で子供を感動させようとする必要はないだろう。

感動の押し売りはそれだけではない。「二分の一成人式」に「巨大組体操」に「ブラック部活」。子供も先生も、「感動」の物語を押し付けられて、ますます息苦しくなっているようにみえる。

さらに「親子の絆」「地域の絆」を名目にしたPTA活動の強制、家族の助け合いを義務付ける自民党の「憲法二四条改正案」、先天性障害である発達障害を伝統的な子育てをしなかった親の責とする「親学」、「理想はサザエさん一家」と家族の多様性を否定する「日本会議」、公権力が家庭の在り方に介入しようとする「家庭教育支援法案」……。二一世紀になって、道徳とともに「家族愛」「絆」という感動ワードで私たちを締め上げる勢力がじわじわと力を伸ばしている。彼らの言説は、きまって「近年の核家族化やひとり親世帯の増加、少子化、離婚、晩産化によって家庭の教育力が低下し、児童虐待、少年犯罪、不登校、ニート、ひきこもり等が増えている」と、今を生きる親（特に母親）と子供への否定から始まる。少年犯罪も児童虐待も、昔に比べればずいぶん減っているというのに。このままでは、朝ごはんが伝統的な和食でなかったり、生活が夜型だったり、近所づきあいに消極的なオタクだったりするだけで、正しい母性ではないと存在を否定され、国家に矯正されかねない。

家族は大事。それはそう。だけど二児の母としては、どのように家族を愛してるかを国にジャッジされ、正しい在り方を指示されるなんてまっぴらだ。

なんで今、私たちの社会はこんなことになっているのか。敵は大きすぎて、丸腰で立ち向かってはゆるふわ感動ワードに流されかねない。近代史の山に分け入って知識を蓄え、人文知という棍棒を手に「道徳」に抗ってみたい。お母さんだからってなめるなよ。それが本書の主旨だ。

まず第一章「読書と「道徳」」では、マンガやゲーム・スマホなどの電子メディアが悪徳視される中で、なぜ読書だけが道徳的とみなされるのかという疑問を出発点に、小説を読むと死ぬ！　と脅されていた文明開化期までさかのぼる。大人たちは子供・若者の読書の何におびえたのか。あるいは読書を通じて何を刷り込もうとしたのか。読書が不道徳とされた明治期から戦時下における児童書の推薦制度によって道徳的な読書が推奨されるまでの流れを追いかけ、おもに学校と読み物を通じて形成された私たちの道徳・規範意識を振り返りたい。

第二章「「道徳」としての母」では、現代の道徳において欠かせない「無償の愛で自己犠牲する母」という母性幻想が誕生したいきさつと、戦争を経て母性幻想と自己犠牲賛美が国民道徳と化していく過程を考察する。
第三章「感動する「道徳」」では、二分の一成人式や巨大組体操などの「感動」ありきの学校行事のルーツを探り、それらがどのような道徳的機能を持つのかを明らかにしていく。

本書が、いやなことをいやだと言いたいあなたの武器になれば幸いだ。

第一章　読書と「道徳」

道徳教育のための読書

小学生はなぜごんぎつねの気持ちを考えさせられる？

「栗の置き方なんてどうでもいいよ〜」

夏休み明け、小学四年生の長女が早くも国語の授業にうんざりしていた。「ごんぎつね」（新美南吉）をしつこくやりすぎているせいである。

「ごんぎつね、やりこみ要素半端ないよ。ごんぎつねの栗の置き方が変わってるところまで追究してるからね？」

現在五〇歳以下の日本人で、「ごんぎつね」を読んだことがない人はほとんどいないだろう。「ごんぎつね」は一九八〇年以降、すべての小学校国語教科書で採用され続けている定番中の定番教材だ。ここまで長きにわたり全教科書に掲載される教材は、ほかに類をみない。日本人に最も読まれているという点でいえば、『こころ』や『人間失格』を超えた国民的文学作品だ。

はじめに言っておくと、現代の小学生が受ける国語の授業は、我々親世代の頃よりだいぶ進化しているように見える。ディベートにポスターセッション、新聞づくりにガイドブック作成と、発信力を重視した幅広い取り組みがなされているようだ。それでも「ごんぎつね」となると、今も昔と変わらず、長い時間をかけて心情を読み解いている。

とある小学校の「ごんぎつね」学習指導案では、授業時間一一時間のうち半分以上の六時間が、「いたずらをするごんの気持ちを読み取る」「ごんを撃った兵十とその時のごんの気持ちを読み取る」といった「気持ちの読み取り」に充てられている。いきおい、きつねの栗の置き方を追究するようなマニアックな授業展開とならざるをえない。なぜこんなことになっているのか。

理由の一つは、文科省の小学校学習指導要領にある。三・四年生の国語では、「場面の移り変わりに注意しながら、登場人物の性格や気持ちの変化、情景などについて、叙述を基に想像して読むこと」という項目がある。なるほど「ごんぎつね」は、ここで指定されている「気持ちの変化」を「想像」するのにうってつけの短編だ。五分程度で読める物語の中に、ごんぎつねの気持ちの起承転結がしっかりある。しかし、しつこくきつねの気持ちを考えさせられる子供たちは大変である。

「いわしをぶんなげたときの気持ちとか栗をぎゅっとおいたときの気持ちとか聞かれるけど、そんなのその日の気分で変わる人もいるじゃん。急いでたら投げるし、完璧主義だったらいつもぎゅっと固めるでしょ」

他人とコミュニケーションをとるうえで、一定水準以上の心情読み取り能力が必要なのはわかる。「ごんが栗やマツタケを運んだのはなぜですか」と問われて、「性器のメタファーだから」などと答えたら、小説読解以前に社会生活が危い。しかし栗の置き方からきつねの心情を察するのは、生活に必要な読解力の範疇をこえているのではないか。「書類を留めるホチキスが平行じゃないからあいつは仕事に熱意がない」などといちいち忖度されたら、がさつな人間はたまらないだろう。異文化コミュニケーションが加速している現代では、「ハートの絵文字を使ってるからあの子は自分に気があるに違いない」などの思い込みによる悲劇も多発している。子供たちが将来社会生活を円滑に営むためにも、「気持ちを勝手に察するのはやめよう。きちんと言葉でコミュニケーションをとろう」と教えたほうがよいのではないだろうか。

日本の国語の授業が心情の読み取りに時間を割きすぎていることは、識者からもしばしば指摘されるところである。国立教育政策研究所で国語教育を研究してきた有元秀文氏は、「欧米の学校では、一つの教材を日本のように異常にゆっくりした読み方で扱うことはない」とし、「心情や人物像」ばかりを読み取らせようとする日本の国語教育を批判している。(『まともな日本語を教えない勘違いだらけの国語教育』)

一般的な大人にとって必要な読解能力とは、大量のビジネス書類や時事ニュース、メール・社内チャットツール・グループウェアのやりとり、マニュアル、煩雑なお役所文書、書籍・雑誌・パンフレット等の多種多様な文章を手早く読んで、必要な情報を抽出する能力である。学校の授業でそんな能力を身に付けておきたかった……と苦労している大人も多いのではないだろうか。

しかし、気持ちの読み取りは、栗の置き方にとどまらないのである。

「兵十を覗き見ていたときのごんぎつねの気持ちを考えろって言われても！　ただのストーカーじゃん！　……って思ってもそう答えるわけにはいかないし」

ごんぎつねストーカー説はいかにも小学生らしい冗談だが、あながちとんちんかんな読みともいえない。「ごんぎつね」は新美南吉が一八歳のときの作品だが、その背景を同級生との成就しなかった恋に見出す研究者もいるくらいだ。名作はさまざまな読みの可能性を秘めている。とはいえ国語的には、「ごんぎつねは執着健気受けのごんと鬼畜攻めの兵十とのボーイズラブだと思います」などの生々しい読解はご法度である。「ごんぎつねに手紙を書く」課題を与えられて「死んでるきつねに手紙届かなくね……？」とぼやいていたという長女の級友も、授業中にそんなことをはきはき発言したりはしないだろう。

子供が感じた疑問点をそのまま発言させて、「亡くなった人に手紙を書く意義」について子供同士で討論させれば、クリティカル・シンキングやディスカッションのいいお勉強になりそうだが、そんな国語の授業は聞いたことがない。教室の中の子供たちは、いじらしいごんぎつねの気持ちを想像して共感し、その死を憐れむことを、暗黙の裡に期待されている。それを一番よく知っているのは、当の子供たちである。

道徳教育としての国語

なぜ国語では長時間かけて気持ちを読み取らなければならないのか。なぜその読み取りは決まった方向性でしか許されないのか。小学校の国語教科書を分析した石原千秋氏は、その理由を端的に述べている。「現在の国語という教科の目的は、広い意味での道徳教育なのである」（『国語教科書の思想』）

石原氏によれば、国語で育《はぐく》むべきとされる読解力とは、「道徳的な枠組から読む技術」にすぎない。したがって道徳的に「正しい」心の動き以外の読解は、すべて不正解とされてしまう。この道徳は、〈母＝自然／父＝文明〉という図式に結び付いた「田舎は良くて、都会は悪い」という思想を隠していると石原氏は指摘する。昔話や動物キャラクターが多いのも、「昔へ帰ろう」「自然に帰ろう」といったメッセージが込められているからだとか。

本当に？　学習指導要領の国語の項目を見てみよう。教材の選択にあたって留意すべきとされる一〇項目のうち、目を引くのは次の五項目だ。

オ　生活を明るくし、強く正しく生きる意志を育てるのに役立つこと。
カ　生命を尊重し、他人を思いやる心を育てるのに役立つこと。
キ　自然を愛し、美しいものに感動する心を育てるのに役立つこと。

ク　我が国の文化と伝統に対する理解と愛情を育てるのに役立つこと。
ケ　日本人としての自覚をもって国を愛し、国家、社会の発展を願う態度を育てるのに役立つこと。

確かにこれは、「道徳教育」の範疇だ。高度成長期に小学校教諭を経験した国語教育の研究者・府川源一郎氏は、当時の教育現場での「ごんぎつね」の扱いを次のように述懐している。

たとえ「ごんぎつね」が「感傷的な詠嘆」を感じさせるものであったとしても、そのことによって教室のなかの学習者の心が一つになるならば、それはそれで意味のあることだと考えられていたようにも思う。集団主義のなかに一人ひとりの個我を隠し、滅私奉公することこそが重要だという方向と、「ごんぎつね」の作品世界とは背反するものではなかった。学級集団は、疑似家族共同体でもあったのだ。

（府川源一郎『「ごんぎつね」をめぐる謎』）

府川氏によれば、かつてはクラス全体が「感動のるつぼ」となり、子供たちがすすり泣くような授業も存在したという。その後、感動中心授業への反省から、〈今日の論題は「『ごん、お前だったのか。いつもくりをくれたのは…』と兵十に言われたとき、ごんは幸せだった。」です。肯定側立論をしてください〉で始まるようなディベート授業を行う教師が現れたり、〈(兵十のお念仏についていった)ごんは、行きと帰りとではどちらが近づいていますか〉と分析批評を取り入れた授業が行われたりもしたようだが、どれも定着しなかった。「せっかくの泣ける話で、なんでそんな殺伐としたことをやらなきゃいけないんだ」というのが現場の素朴な感想だろう。

読み聞かせ推進の謎

道徳読みの推奨は、国語の教科書にとどまらない。現在の学校では、「読書ビンゴ」「読書スタンプラリー」といったゲーム性を絡めた課外読書推奨イベントが盛んに行われている。いくら読書がよいといっても、ゲームの攻略本やポケモン図鑑、都市伝説ムックは推奨されない。良書リストに挙げられるのは、たいてい物語ばかりだ。文章から情報を読み取る能力なら、ポケモン図鑑でも十分身に付きそうなものなのに。

こうした風潮の中で「読み聞かせ」の教育効果も大きくクローズアップされている。小学校のクラスでPTAや地域ボランティアが読み聞かせを行うのは、今やありふれた光景である。

とはいえ読み聞かせを小学生が本当に欲しているかは疑問に思うところがある。幼い次女を連れて近所の図書館を訪れたときのことだ。向かおうとした絵本コーナーでは、ちょうど読み聞かせボランティアが子供の参加を熱心に呼び掛けているところだった。児童書フロアにいた子供たちは、いっせいに眼をそらしたり本に没頭して聞こえないふりをしたりするばかりで、まったくリアクションが無い。入ろうかどうか逡巡していた私たち親子はうっかり目が合ってしまい、読み聞かせをマンツーマンで受けることになった。「幼児ではあるまいし、読み聞かせなんてプライドが傷つくし勘弁」というのが子供たちの本音なのだろう。小学生相手の読み聞かせ活動の定着は、子供が欲しているからというよりも、大人の思惑によるものとみえる。

小学校におけるPTAや地域ボランティアによる読み聞かせ活動が全国的に定着したのはいつからなのか。その歴史を調べてみると、二〇〇一年一二月制定の「子どもの読書活動の推進に関する法律」に行き当たる。国家が定めた計画に基づき、地方自治体に対し「都道府県子ども読書活動推進計画」を策定するよう努めることを定めた法律だ。つまり、地方の教育の偉い人たちは、子供たちに本を読ませるために何らかの活動をしていることを示さなければならなくなった。

子供に本を読ませたいなら、全学校に常勤の司書を配備して子供がいつでも図書室に入れるようにし、蔵書を充実させるのが一番だ。しかし公立小学校に通う長女が言うには、休み時間は外で遊ばなければならず、図書室に行けるのは週に一回の「図書の時間」だけらしい。それもそのはず、学校司書を配置している小学校の割合は59・2％で、常勤の学校司書となると12・4％にすぎない（平成二八年度「学校図書館の現状に関する調査」）。教育への公的支出の割合がＯＥＣＤ加盟国の中でも最低レベルの日本では、とても図書室までお金が回らない、というのが実情のようだ。

となると、手っ取り早いのは読み聞かせだ。学校を管理する立場にしてみれば、ＰＴＡや地域ボランティアに担わせればお金がかからないし、「学校・家庭・地域の連携」という文科省が求める項目を満たすことができる。ベルマーク貼りやパトロールなどの退屈な活動を押し付けられがちな母親にとっても、読み聞かせは趣味が活かせ、やりがいを感じられる数少ないボランティアだ。文科省の「子ども読書の情報館」で紹介されている全国の事例を見ると、ほぼすべての小学校の事例で、ＰＴＡや地域ボランティアの読み聞かせが取り入れられているのがわかる。

小学生相手の読み聞かせ活動が活発化するなかで、良質ではない絵本がバッシングされる事態も起きている。たとえば「母の死」をポップなタッチで描いて大ヒットした絵本『ママがおばけになっちゃった！』（のぶみ）は、一部の読み聞かせボランティアからは目の敵にされている。死んでおばけと化したママが「うっげー！」「コンニャロー！」と子供にツッコむコント感。そこから超特急で子供への愛を涙ながらに語るケータイ小説感。絵本好きの大人が考える「良質な絵本」という概念から、何億光年もかけ離れた作品であることは間違いない。とはいえアニメなら、交通事故で地縛霊になった猫がポップに活躍しても、さほど批判を受けることはないだろう。ケータイ小説で主人公がガッシボカと殴られてすぐに死んでしまっても、そういうものだと許容されている。絵本だけが良質でなければならないというのも理不尽だ。おばけママを面白がる子供だっているのだろうし。

良質ではない絵本をバッシングする人は、「小学校の読み聞かせで心に傷を負う子供が出てくる」ことを危惧しているようだ。親がわが子に読み聞かせをする分には、子供は拒否することができるが、学校ではそうはいかない。親を亡くした子供が親が死ぬ物語を読み聞かせられたらトラウマになるという懸念を語る大人も少なくない。しかし私が野坂昭《あき》如《ゆき》の名作「骨餓《ほねが》身峠《みとうげ》死人葛《ほとけかずら》」を小学校に持ち込んで、「よかよか、わしの子ダネばはらませてやるけん」などと子供たちに読み聞かせるのも、やはりだめだろう。ある作品が読み聞かせに向かないとしても、非を作品に求めるのはおかしい。絵本の読み聞かせによって問題が起きるとしたら、その問題は作品の質にではなく、強制力がはたらく場における読み聞かせそのものにあるはずだ。

読み聞かせ効果を脳科学が証明？

そもそも、不心得な保護者がけしからん本を持ち込むリスクを補ってあまりあるほど、小学生にとって読み聞かせは有益なのだろうか。読み聞かせの効果について調べたら、面白い新聞記事に出会った。「毎日新聞」二〇一一年一〇月二日朝刊掲載の「読み聞かせ‥効果証明　大脳辺縁系が活動、喜怒哀楽わかる子に　脳科学者ら共同研究」だ。泰羅雅登教授（認知神経生物学）率いる研究チームが、読み聞かせを受けている子供の脳を調査した研究のさわりが紹介されている。泰羅教授によれば、読み聞かせを受けた子供の脳は「情動や感情をコントロールし、コミュニケーションをつかさどる」前頭連合野は活性化しなかったが、「恐怖や驚き、喜怒哀楽などの感情にかかわる『大脳辺縁系』が活動していることがわかった」という。

この結果を受けて、泰羅教授は「読み聞かせは子どもの『心の脳』に届いていた」と結論づけている。しかし、「恐怖や驚き、喜怒哀楽などの感情」はゲームやアニメでも体験できるわけで、他の娯楽との違いがよくわからない。

より詳しく実験について知るために、泰羅教授の著書『読み聞かせは心の脳に届く』を読んでみた。「心理学の研究からいわれている読み聞かせの効用には、言葉からイメージする力、コミュニケーションの力をつける、ということがありました。前頭連合野の働きに、おおよそ当てはまっています」。教授によれば、前頭連合野のはたらきは「思考、創造、意図、情操」を司ることにあるという。研究チームは当初、この前頭連合野が読み聞かせで活発になるという仮説のもとに実験を行った。しかし、近赤外計測でも機能的MRIでも、子供たちの前頭連合野は、ほぼ無反応だったという。

読み聞かせが子どもの前頭連合野を強く活動させる、という仮説はまちがっている――その事実を突きつけられました。

代わりに活動が見られたのは、大脳辺縁系の一部だった。

辺縁系は、感情、情動に関わる働きをする場所、まさに私がいう「心の脳」にあたる部分です。

（…）

読み聞かせで、「心の脳」に働きかけることは、こわい、悲しいがしっかりわかる、うれしい、楽しいがしっかりわかる子どもをつくるということなのです。

つまり、読み聞かせが子供にもたらすのは感情を動かすことであって、「思考、創造、意図、情操」に働きかけることはないらしい。アニメやゲームやマンガやネットとどう違うのかは、本を読んでもわからずじまいである。

脳科学と教育といえば、なつかしの『ゲーム脳の恐怖』（森昭雄、二〇〇二年）が思い出される。ゲームをする子供の脳は前頭前野の働きが低下していたという実験結果に基づき、ゲームの有害性を説いたセンセーショナルな書籍である。

曰く、「（ゲームをする習慣がやめられなくなった）子どもの前頭前野の働きは低下し、動物脳と呼ばれる古い脳である大脳辺縁系に対して、常時動物的な行動に出ないようにする抑制がかけられなくなってくるのです」「キレるという現象は動物脳の行動を抑制できないから起こることです」。泰羅教授が「心の脳」と呼んだ大脳辺縁系が、『ゲーム脳の恐怖』では「動物脳」と悪者扱いされている。二人の研究を総合すれば、読み聞かせもゲームも、子供にもたらす影響は脳科学的にはあまり変わらない、ということにならないか。

「注意欠陥多動障害の原因には、前頭前部の活動低下を引き起こすテレビゲームのやり過ぎも含まれているものと考えられますし、また、それにより子どもたちは攻撃的になり、すぐキレる状態になってしまっているものと思われます」。当時週刊誌などでさかんに持ち上げられた森教授のこの主張が正しいのであれば、読み聞かせでもキレる子供が増えてしまいそうなものだ。読み聞かせ脳の恐怖！　あなたの子供に忍び寄るぐりとぐらの黒い影！

……というのは冗談だが、ゲームも読み聞かせも、受け身の体験にすぎないのは事実である。あまりに長時間にわたり耽溺して他の活動がおろそかになれば弊害もあるだろうが、短時間ならどちらも楽しい気晴らしだ。さりとて頭がよくなることもない。考えてみれば当たり前のことなのだった。

ついでなので、子供の脳に良い影響をもたらす読書活動について調べてみよう。『ヤバい経済学』（スティーヴン・D・レヴィット／スティーヴン・J・ダブナー、望月衛訳）に掲載されていた米教育省「初等教育の縦断的研究（ECLS）」によると、「ほとんど毎日親が本を読んでくれる」「テレビをよく見る」といった行動は、子供の学力と〝相関していない〟という。学力と正の相関が見受けられた要素は、「家に本がたくさんある」だった。この調査をもとに、ある州が「子どもがいる家に毎月一冊本を送る」というプログラムを実施したところ、追跡調査では有益な結果が得られなかったという。本があればいいってもんでもないらしい。親が読書好きであることが、読み聞かせよりも子供の学力と関連深いようだ。親が読むから子供が読むようになるというよりは、遺伝の要素が大きいのだろうけど。

一方、二〇一七年の米国小児科学会の調査では、幼児期の読み聞かせが、四年後の語彙や読解力を向上させたという結果が出ている。「絵本を読んで」と積極的にねだってくれるような年代の子への読み聞かせなら、メリットがありそうだ。

国内の調査も見てみよう。平成一六年度「親と子の読書活動等に関する調査」で保護者の活動と子供(小学生〜高校生)の読書量の関係を見ると、一冊以上本を読んでいる子の割合が多かったのは一位「図書館に連れて行く」(91・0%)、二位「家に本をたくさん置く」(90・4%)、三位「本のことについて話をする」(90・3%)であった。「読書会や読み聞かせの会などに参加する」(88・8%)は六位で、全体平均の88・1%とさほど変わらない。上位項目を見るに、「子供に本を選ぶ余地がある」という点が重要であるらしい。

幼児はともかく、小学生への読み聞かせによって何らかの良い効果があることを示す明白なエビデンスは見つからずじまいである。

読み聞かせで育む道徳心

ではなぜ、小学生対象の読み聞かせはこんなに熱心に行われるのだろうか。教育関係者による読み聞かせを推奨する書籍をいくつか眺めてみると、ある共通点がみられる。

しかし今の中学生は、幼児の頃から映像文化に慣れ親しんでおり、テレビのアニメーション番組やマンガで育っているため、文字や言葉から内容を理解するという力が劣ってきている。

マンガは文章表現が少なく、擬態語や擬音語、あるいは単語のみでの表現方法が多く用いられている。その言葉だけが頭の中にぱっと入っていく上に、絵がともなっているので、考えなくてもすぐわかる。

また、ファミコンなどのゲームで楽しんでいるために、思考が短絡的で、じっくりと文章を味わうといったゆとりがない。

（村上淳子『先生、本を読んで！』）

第四に、たとえ伝えるべきものを持った大人に接する機会があっても、いまの子どもたちの多くは、もはや大人に興味を持たなくなっています。その原因は言うまでもなく、テレビ、ゲーム、パソコン、携帯電話などの遊び道具です。昔の子どもたちは、楽しみを大人に求め、お話を聞かせてもらおう、遊んでもらおう、遊び方を教えてもらおうと、しきりにつきまとっていたものです。（…）子どもたちは、まわりの大人たちにはなんのことやらわからないお話の世界、ゲームの世界で、時をすごすことが多くなっています。

（脇明子『読む力は生きる力』）

子どもの遊びが、対人間的なものから、個人的な映像的遊技（テレビゲーム）などへ、急ピッチで比重を移しつつある。そして、そのようなバーチャルな世界に夢中になる子どもたちは、ごく自然に漫画という手軽で安易なものに引かれていく。

（笹倉剛『心の扉をひらく本との出会い――子どもの豊かな読書環境をめざして――』）

小中学生を対象とした読み聞かせを推奨する人は、「マンガ、テレビ、ゲーム、パソコン、携帯電話といった新しいメディアのせいで子供がダメになった」式のメディア害悪論を唱える傾向があるようだ。「子どもの読書活動の推進に関する法律」（二〇〇一年）を掲載している文科省のウェブサイトにも、法律制定の背景として「テレビ、ビデオ、インターネット等の様々な情報メディアの発達・普及や子どもの生活環境の変化」による、子供の「読書離れ」への懸念があると記されている。

同法制定の前年の二〇〇〇年は、一七歳の少年による殺傷事件「西鉄バスジャック事件」が起きた年だ。この事件は、世間一般に「インターネットの闇」を知らしめるきっかけともなった。開設まもないインターネット掲示板「2ちゃんねる」が犯行予告の舞台となったことが報じられたためだ。同年に発表された内閣総理大臣の私的諮問機関である教育改革国民会議の資料に記された珍フレーズ「バーチャル・リアリティは悪であるということをハッキリと言う」が話題になったのもこの年である。

メディア害悪論は、週一日（または月一日）だけテレビなどを見ないことを推奨する「ノーテレビデー」「ノーゲームデー」「ノーメディアデー」運動によっても、全国の家庭・児童に広められている。推進しているのは全国各地の自治体・教育委員会・ＰＴＡだが、この運動が始まったのも二〇〇〇年である（「図書館調査研究リポートNo.10『子どもの情報行動に関する調査研究』より）。「ノーテレビデー」に取り組む自治体の一つ、東京都台東区は、「子どもの読書活動の推進に関する法律」を掲げつつ、「テレビを見ずに親子で本を読む日として『ノーテレビデー』を設けています」「本を読むことによって、子どもたちは白黒の文字から、物語を楽しみながら想像の世界を膨らませていきます。こうして子どもたちは文字に親しみ、言葉を学び、豊かな心を育んでいくのです」としている。テレビを排除するのは、物語を読ませて心を豊かにするためなのだ。

テレビ、ゲームに加え、ネットが子供たちをダメにするという言説が二〇〇〇年以降広まる中で、良書によって道徳を身に付けさせねばならないという保守層の危機感が、「読み聞かせ」推奨につながったのだろう。身もふたもない言い方をすれば、読み聞かせは読書をしない子供にも、道徳を注入できる手段なのだ。

もちろん私だって、蓄積された知へのアクセス手段としての書物は、今も他のメディアの追随を許さない価値があると思う。しかし読み聞かせにふさわしい良書として推奨される本は、こうした事情により物語に偏っているのが現状だ。これでは物語が苦手な子供や、耳からの情報取得が苦手な障害を抱えた子供は、本自体を嫌いになってしまうだろう。

なにより私は、読書が道徳や集団主義と結び付けられることに違和感を覚えずにはいられない。子供時代の私にとって、読書とはときおり親に殴られるような不道徳で孤独な愉しみだった。作家の林芙美子も、女学生だった大正時代に小説の害を説かれた実体験を記している。

> ある日、昼の休みに講堂の裏で鈴木三重吉の『瓦』と云う本を読んでいた。校長がぶらりとやって来て、此様な社会の暗黒面を知るような本を読んではいけないと云った。私は大変いい本だと思いますと云うと、そのあくる日の朝礼の時間に、校長がひとくさり、小説の害を説いて降壇すると、その後に若い国語の大井先生が「小説を読むふとどきな生徒がいることは困ったことです」と登壇された。
>
> （林芙美子「私の先生」／『日本の名随筆　別巻86　少女』所収）

小説はかつて、テレビゲームどころか出会い系サイトレベルの有害コンテンツとみなされていた。次項からは、読書と道徳の絡み合いについて、明治維新の時期までさかのぼってみてみよう。

かつて小説は有害メディアだった
——明治二〇年代までの小説観

小説を読むと死ぬ？

「〇〇を見ると犯罪者になる」「〇〇をするとバカになる」式のメディア有害論はよく聞くが、「死ぬ」とまで脅されることはめったにない。しかし文明開化まもない明治日本では、知識人が「小説を読むと死んでしまう」と大真面目に論じていた。

明治初年代のベストセラー自己啓発書『西国立志編』（明治四年）の翻訳者である中村正直は、福沢諭吉にならぶ啓蒙思想家として日本史でもおなじみの有名人だが、彼が「中村敬宇《けいう》」名義で一八七六（明治九）年に発表した「小説《ゲサクボン》ヲ蔵《モッテイル》スル四害」はちょっとすごい。漢文訓読体の原文は読みづらいので、かいつまんで紹介しよう。

第一「品行を欠く」小説を好む者は決して正人佳士（立派な人間）ではない。

第二「閨門を敗る」小説を好む婦女は醜聞が多いか、労咳（肺結核）で死ぬ。

第三「子弟を害す」小説を持っていると子供が盗み読んで破滅するか、早死にする。

第四「悪疾多し」小説を好んで読む者は悪い病気を持っている人が多い。

（中村敬宇「小説ヲ蔵スル四害」／『東京新報』第一号）

理屈ではない。とにかく小説を読むと病気になってすぐ死んでしまうのである。続く「淫書ヲ焚燬《ヤキスツル》スル十法」では、小説は毒を天下に流し犯罪を誘発するものであるから「朝旨を請けて天下に明禁し永遠に杜《ふさ》ぎ絶たしめ」、つまり法律で禁ずるべきであると説く。

中村正直が翻訳した『西国立志編』には小説の害を説く「稗官小説ノ害」という章があるので、サミュエル・スマイルズの原著*Self-Help*の影響なのだろうか。原著の該当部分にあたってみると、くだらない読書を戒めつつも「才能ある作家が書いたよくできた物語を熟読することは高度な知的快楽である」「程度をわきまえて楽しむぶんにはその喜びを妨げられることはない」とあり、小説読書そのものを批判しているわけではなさそうだ。上記の箇所が訳から削られて単純な小説有害論になったのは、やはり当時の日本の事情によるものだろう。

ここまで強硬ではないにしろ、小説は害悪だと信じる知識人は珍しくなかった。『集議院日誌』の明治二年一〇月一五日の記録には、娼婦らとともに小説家を取り締まることを提案する「遊娼声妓俳優雑劇小説家等改制ノ事」なる建言が議会にかけられたとある。明治初年代の大学の規則には、小説禁止を謳ったものも多くあったという（三川智央「『西國立志編』と明治初期の「小説」観（Ⅱ）」）。当時の小説は、よほどまがまがしいパワーを秘めていたのだろうか。

小説は人心を惑わす「ウソ」だった

こうした小説観は、「小説」という概念が、今とは異なっていたことに由来する。明治初年代の「小説」は、江戸時代に生まれた大衆向けの戯作のことを指していた。もともと「小説」は「取るに足らない論議」という意味の中国語で、君子が天下国家を語る「大説」の対義語である。儒教文化圏では、虚構である物語は政治的にも道徳的にも役に立たない無価値なものであったため、卑下して「小説」と呼ばれていた。『西国立志編』に登場する「稗官小説」という言葉は、野口武彦の『小説（一語の辞典）』によれば、「稗官」と呼ばれた古代中国の小役人が収集した雑説という意味で、「国史」のような正統性をもたない俗説として蔑視されていたそうだ。

明治初年代の日本のインテリ層の小説観も、儒教の強い影響下にあった。事実をもとに儒教道徳を説く四書五経などの漢籍で読み書き教育を受けた当時の知識人からすれば、娯楽のために書かれた小説は、人心を惑わす「ウソ」に過ぎない。子供向けの草双紙はもちろん、遊郭での色事や荒唐無稽な与太話を描いた洒落本や人情本も、知識階級が読むようなものとはみなされていなかった。

中村正直がもともと江戸幕府の儒官だったことを考慮すれば、小説を法律で禁ずるべしとする主張も驚くにあたらない。知的快楽をもたらす「才能ある作家が書いたよくできた物語」としての小説は存在しないことになっていたのだから、翻訳からも割愛せざるをえなかったのだ。

「物語なら『源氏物語』などの古典文学があるじゃないか」と思われるかもしれない。学者の研究対象となることもあった『源氏物語』などの古典作品は、確かに「小説」とは別枠の扱いだった。それでも現代のようなゆるぎない芸術的評価を受けていたわけではない。かつては「誨淫導欲の書」とみなされていた『源氏物語』を、「キリスト教系の大学でも堂々と教えられるようになり、これを『淫書』のように言う勢力がなくなったのは、せいぜい敗戦後のことでしかない」（小谷野敦「『源氏物語』批判史序説」）という。平安末期から鎌倉時代にかけて書かれた『今鏡』『宝物集』『今物語』に紫式部が地獄に落ちた伝承が記されているくらい、物語を書くことが罪業扱いされていた時代もあったのである。物語を書いて人の心を惑わせることは、仏教の五戒のうちのひとつ「不妄語戒」（うそをついてはいけない）に触れるとされたからだ。鎌倉時代には、地獄に落ちた紫式部を救うために「源氏供養」という仏教イベントが何度か開催される。ファンの集いのようなものだろうが、ラブストーリーを読むのも一苦労だ。

儒学が官学となった近世以降は、『源氏物語』に対して「好色」「淫乱」という批判も寄せられた。なかでも朱子学に入れ込んだ後光明《ごこうみょう》天皇は、『源氏物語』や『伊勢物語』が流行するから国が衰えると語り、和歌とともに『源氏物語』を「淫乱の書」と毛嫌いした。

有名な本居宣長の「もののあはれ」論は、こうした儒教道徳（＝からごころ）で物語を読もうとする主流の考え方に対するアンチテーゼだったのである。

近代国家に小説は不要

実学を重視する文明開化期には、物語や和歌は仏教・儒教道徳以前に、役に立たないものとして退けられてしまう。以下は福沢諭吉『学問のすすめ』（明治五年）の一節である。

学問とは、ただむずかしき字を知り、解《げ》し難き古文を読み、和歌を楽しみ、詩を作るなど、世上に実のなき文学を言うにあらず。これらの文学もおのずから人の心を悦《よろこ》ばしめずいぶん調法なるものなれども、古来、世間の儒者・和学者などの申すよう、さまであがめ貴《とうと》むべきものにあらず。古来、漢学者に世帯持ちの上手なる者も少なく、和歌をよくして商売に巧者なる町人もまれなり。

（福沢諭吉『学問のすすめ』）

一応は学者によってその価値が論じられることもあった古典物語や和歌、漢詩ですら「そんなの勉強したって生活できないじゃん……」という身もふたもない視線にさらされていた時代、小説（戯作）の存在価値は風前の灯火だった。

実学全盛期に「実」ならぬ「虚」そのものである小説は存在を否定され、戯作者は一時期四、五人にまで減ってしまう。その中で気を吐いたのが、文明開化をネタにした戯作『西洋道中膝栗毛』『胡瓜遣』（福沢諭吉『窮理図《きゅうりず》解《かい》』のパロディ）などを発表し続けた仮名垣魯文である。『安愚楽鍋』（明治四 - 五年）では、遊女たちがセクハラする「小うるせえ客」を「牛に花りん糖ざんすヨ（引用者注：もうコリゴリという意味）」とダジャレでくさす女子会トークや、ワイングラスを片手に牛鍋ブームの成功を語る牛を江戸っ子の馬がうらやましがる牛馬漫才など、牛鍋店に集う客の会話で当時の世相を面白おかしく皮肉っている。実は同作の中に、中村正直の名も登場している。「新聞好の生鍋」で、洋装の文明開化主義者に「静岡の中村先生が訳した『自由の理』で愚かな人たちを啓蒙したいと意識高く語らせているのだ。中村正直の激しい小説攻撃は、仮名垣魯文に茶化されていたせいなのだろうかと勘ぐりたくなる。

小説家、近代国家にシメられる

実学を重んじ、風俗改良を求める風潮のもと「人心をまどわすウソ」として小説（戯作）排斥の声が高まっていた文明開化期だが、実際、どれほど小説に影響が出たのだろうか。

徳田秋声『明治小説文章変遷史』（大正三年）によれば、明治一〇年までに出版された小説は「魯文の『仮名読八犬伝』『西洋道中膝栗毛』『安愚楽鍋』『胡瓜扱』、万賀亭応駕の『釈迦八相倭文庫』五十九六十、二代目春水の『時代加賀実』四十編乃至四十五編及び松村春輔の『復古夢物語』『春雨文庫』『近世桜田紀聞』を挙げたらそれで尽きる」という。一〇年間でたったそれだけ？と驚くような少なさだ。

時代に合わせてひらがなを多用した柔らかい文体を採用し、文明開化のネタ化で生き延びたタフな仮名垣魯文も、明治五年に教部省（現在の文部科学省）の呼び出しをくらうことになる。教部省は当時、「敬神愛国」などの皇国思想で国民を統治するために「三条の教憲」を発令し、国民教化の手段として大衆文化の担い手に目をつけていた。『新聞輯録』第三〇号（明治五年五月）によれば、歌舞伎役者、噺家、講談師、義太夫など東京の芸人たち三〇人ほどが呼び出しを受けたようだ。あくまで「御諭示」にすぎないとしても、一介の戯作者が国家の意思を忖度しないわけにはいかない。事実上の言論統制である。

戯作者として呼ばれた仮名垣魯文と山々亭有人《さんさんていありんど》（条野伝平）は、あわてて「今後は作風を変えてまじめな文章を書きます」（「爾後従来の作風を一変し、恐れ乍ら教則三条の御趣旨にもとづき著作仕る可しと商議決定仕り候」）という主旨の答申書「著作道書キ上ゲ」を提出した。彼らは答申書の中で、文明開化で戯作が妄言として卑しめられるようになったために、戯作者は自分たちを含めて四、五人しか残っていないと訴えている。そのうち二人のトップ作家が転向を申し出たのだから、戯作の終焉宣言に近い。

魯文は答申書の提出の三か月後に横浜に転居し、神奈川県権令（副知事）の要請で県民を教化するため、神奈川県庁の雇員となった。職業を差別されすぎて「下劣賤業ノ私輩」と自らを卑しんでいた魯文は、名誉回復の機会とばかり、張り切って羽織袴姿で県内各所を遊説する。しかし県民の戯作者に対する視線は厳しかった。「アレで教育の説諭も可笑しい」「大事な息子を皆放蕩者に仕上げるだらう」といううわさ話を偶然耳にした魯文は、自分はオモシロの道で生きていくしかないと思い知り、官吏の職を辞す。

明治八年、魯文はふりがなつきの大衆向け小新聞「仮名読新聞」を創刊する。芸者たちの女子トークを猫に見立て洒脱に描いたコラム「猫々奇聞《みょうみょうきぶん》」でさっそく人気を博したというから、やっぱりたくましい（現代なら「実録！ニャンニャン嬢報部」って感じでしょうか）。当時の小新聞は政治・社会問題を漢文調で論じるインテリ向けの大新聞とは違い、ゴシップなどを扱う下世話メディアだったため、魯文も生き生きと筆をふるうことができた。他の戯作者たちも同様に小新聞の記者に転じ、大衆の興味をひく記事執筆に活路を見出す。明治一二年、魯文は実在の女性殺人犯をモチーフに、八年ぶりとなる小説『高橋阿《お》伝《でん》夜《や》刃《しゃ》譚《ものがたり》』の連載を「仮名読新聞」でスタートする。これは「虚」（＝ウソ）ではなく「実録」という体裁をとったが、実際には一人しか殺していない女性を連続殺人を犯したしたたかな毒婦として描いているので、盛りに盛っていることは間違いない。単行本化された『高橋阿伝夜刃譚』はベストセラーとなり、他の小新聞も連載小説を扱うようになる。実録小説という形で生き延びることができた戯作小説だが、ゴシップ記事のような扱いで、芸術としての扱いはとうてい望めなかった。

『小説神髄』で小説が芸術に

「小説」が芸術の一ジャンルを指す語として再生するのは、坪内逍遥『小説神髄』（明治一八～一九年）発表以降のことである。坪内逍遥は『源氏物語』をはじめとする物語、浄瑠璃、戯作を新しい「小説」にいたる歴史の流れの中にまとめ、さらに従来の小説排撃について次のように語る。

> 唐山《もろこし》の人々が小説を指して誨婬導欲と罵りたりしは、『金瓶梅』もしくは『肉蒲団』等の評なるべく、我が国俗《くにうど》が物語を擯斥《ひんせき》して風儀を紊《みだ》すの書なりといひしは、男女《なんによ》の痴情の隠微を写して鄙野《ひや》婬猥に流れたりし情史の類を指すものならむ。然り而《しか》して『金瓶梅』、『肉蒲団』ならびに猥褻なる情史の如きは、是れ似而非《にてひ》なる小説なり。まことの小説とはいふべからず。（…）『源語』の或部分が猥褻なりしも、また是れ藤原氏専権以来の文弱の弊のしからしめしものなり。豈《あ》にたゞ作者を咎むべきやは。
>
> （坪内逍遥『小説神髄』）

坪内逍遥は西洋伝来の「小説」の価値を説くにあたり、中国や日本で小説が罵られたのは、小説といえば『金瓶梅』『肉蒲団』のような官能小説、男女の痴情を描いた人情本を指していたからで、これらはエセ小説である、と従来の小説観を切り離した。『源氏物語』にわいせつ描写があるのも、当時の文弱な世相に合わせただけで、作者を責めるのはお門違いだと、地獄に落とされがちだった紫式部を擁護している。

同書には、「婦女稚童は蒙昧にて、もとより事理にくらきものなり、小説を読みて其脚色《しくみ》の奇なるを喜ぶべしといへども、いかでか寓意をさとり得《う》べき」と、女子供を小説の鑑賞者から排除する記述もある。坪内逍遥は貶められていた「小説」の芸術的価値を知らしめるため、女子供でも読める幼稚な内容でもエロでもなく、はたまた勧善懲悪のエンタメでもなく、人の心の機微を描く大の男が読むにふさわしい芸術、それが「小説」だと打ち出したのである。

小説は子供にとってのドラッグ

当時の教育政策をみると、自由民権運動などの隆盛に対する反動で、文明開化期の進歩的な政策から大きく右旋回する傾向がみられる。その発端となったのは、知識・技術を優先する西洋的な近代教育よりも仁義忠孝に基づく儒教的な道徳教育を要にすべしという国民教育の方針を天皇の名において示した「教学聖旨」（明治一二年）である。明治一三年には、福沢諭吉『学問のすすめ』と中村正直『西国立志編』の二大ベストセラーが、「国安ヲ妨害シ風俗ヲ紊乱スルガ如キ事項ヲ記載セル書籍」（文部省布達）とされて教科書のリストから外される。

既存の日本の宗教ではヨーロッパにおけるキリスト教のように人心を掌握できないと考えた伊藤博文は、「我国にありて基軸とすべきは、独り皇室あるのみ」（『憲法草案枢密院会議筆記』）として、天皇主権を定めた「大日本帝国憲法」を起草する（明治二二年発布）。

この翌年の明治二三年に、現代でも何かと話題の「教育勅語（教育ニ関スル勅語）」が発布されるわけだが、その話をする前に、教育勅語発布以前の学校がどのようなものであったかを振り返っておこう。明治七年に東京・向柳原の松前学校に入学した評論家の内田魯庵は、「拠るべき道徳の規範」が無かった時代の修身の授業について、こう回想している。
「二十四孝式の親孝行咄では咄すものも張合が無く聴く方は本《もと》より怠屈して初めからヒソ〳〵咄をしたり欠伸をしたり中には大ッぺらにグウ〳〵イビキを掻くものがあつても余り叱られなかつた」（「明治十年前後の小学校」／『明治大正の文化』所収）。当時の小学校には体操も遠足も修学旅行もなく、唱歌の授業もないから「君が代」もおぼつかず、「おしなべて今よりは不規律であった」と魯庵は語る。魯庵が通っていた小学校には、「太閤記や義士伝の講釈」で生徒を愉しませ、時には「鼠小僧や国定忠治」の話をする教師もいたという。道徳の時間に生徒が寝ないように先生が泥棒やヤクザの面白話をしてくれるなんて、明治も初めのころはずいぶん牧歌的だったのだ。

果たして、「拠るべき道徳の規範」のない学校で育まれた小中学生たちの自由さは、地域のお偉方たちを大いに苛立たせることになった。地方の知事らが集まる明治二三年二月の地方長官会議で、「徳育涵養ノ議ニ付建議」が文部大臣に提出される。これは学校教育のせいで小学生が知識を鼻にかけて無学な親をバカにするようになり、中学生が政治を議論して職員に反抗するようになった事態を憂え、社会秩序を安定させるために徳育を優先せよと訴えたものだった。地方からの問題提起を受けて、明治政府は学童生徒に叩き込むべき道徳的お題目の編纂を進める。その結果生まれたのが、神聖不可侵たる明治天皇が親孝行や謙遜などの道徳を臣民に語りかけるという体裁の「教育勅語」だった。皇室を道徳の機軸とする教育勅語は全国の学校に配布され、教育界に絶大な影響をおよぼした。

このような時代背景を反映して、明治中期より子供向け教育雑誌が創刊されはじめる。『子ども観の近代』（河原和枝）によれば、このころの子供雑誌は商業目的というよりは「啓発、教育を目的として教育関係者によって刊行されたもの」だったという。そのため、子供雑誌に掲載されるのは修身談、理科、歴史など学校の補助教材のような記事が多く、小説は歓迎されなかった。『小説神髄』では、人情と風俗を写実的に描くのが「一大美術」としての小説だとされたが、人情と風俗が道徳的な家庭にふさわしいとは限らない。

たとえば言文一致による初の近代小説とされる二葉亭四迷『浮雲』（明治二〇〜二二年）のあらすじをまとめてみるとこうなる。「俺は超がつく真面目人間・内海文三。ひょんなことから叔父の家に居候することになってしまった！　従妹のお勢（カワイイ）に勉強を教えるうちにイイ仲に♡なのにリア充本田昇がウチに出入りしてお勢を口説きはじめて……俺の恋どうなっちゃうの⁉」……日本近代小説の金字塔をライトノベルみたいに紹介するな、と怒られそうだが、主人公のうじうじした自意識を描き出しているのが戯作との決定的な違いで、それが新しかったのである。

そういうわけで、小説を子供雑誌に掲載することに関しては、批判も少なくなかった。以下、酒井晶代「明治二〇年代における「児童文学」ジャンル——幼少年雑誌を手がかりとして——」からの孫引きになるが紹介しよう。

小説ヲ脳髄ノ軟弱ナル無邪気ナル罪ナキ天真爛漫タル小学会ノ会員杯ニ読マスルハ大ナル間違ヒデハ御座ラヌカ立志編伝記ノ如キモノヲコソ載スル可ケレ何ヲ苦ンデ父母兄弟団欒ノ間ニ読ムヲ憚ル如キ淫猥ナル小車ヲ載セテ人ノ子ヲ害スヲ要センヤ

（幽明子「都ノ小車ヲ読ム」／『小学会雑誌』第五号、明治二四年二月）

これは『小学会雑誌』掲載の小説において、主人公に恋した女子が恋わずらいで寝込むシーンが描かれたことに対しての批判らしい。偉人の伝記ならともかく、家族団らんで読む子供雑誌に恋愛描写なんて有害だからやめてほしい、というお叱りなのだ。

日本初の少年雑誌である『少年園』第九号（明治二一年三月）に掲載された「少年書類に就て」では、子供が好む小説を毒入りの砂糖になぞらえている。高尚な精神も清潔な感情もない小説は「少年の教育に蛇蝎視すべき軽薄と狡猾」を誘導する「罌粟子《けし》液《の しる》に勝るの毒」であるから、読ませるべきではないという。「罌粟子《けし》」はアヘンの原料である。大人が砂糖や麻薬にたとえたくなるほど、当時の子供たちは物語に魅了されていたのだろう。

明治中期に子供が小説を読むべきではないとされた理由は、第一に世俗的な題材が盛り込まれていたことにあった。小説が子供の読むものとされておらず、児童文学という概念がなかった時代、どんな題材が児童向けであるか、書き手も手探りだったのだろう。

そして第二の理由は、面白すぎることだった。明治二七年発表の吉川兼吉「小説ニ就テ」でも、偉人の伝記や忠君孝子の偉業を描いた史伝はいいが、稗史（小説）は読むべきでないとしている。その理由は、

稗史ハ多ク淫猥ニ渉リ、痴話ニ流レ、読者ヲシテ飽カシメズ、厭ハシメズ、喜バシメ、笑ハシメ、泣カシメ、楽シマシメ、精神恍惚トシテ茫然小説中ノ人タランコトヲ希望シテ止マザルニ至ル。其及ボス所ノ害実ニ云フベカラズ。

（吉川兼吉「小説ニ就テ」／『少年世界』第一巻第七号、明治二七年一一月
※少年世界社の『少年学窓之友』の改題誌で、明治二八年創刊の博文館の同名雑誌とは別物）

面白すぎて子供が小説の中に入り込みたくなっちゃうから害悪だというのだ。作者からすれば、これほどの誉め言葉はないだろう。まさに「バーチャル・リアリティは悪である」（教育改革国民会議）だ。戯作が消え、マンガもアニメもゲームも映画もなかった時代、どれほど子供たちが物語に飢えていたのかがしのばれる。

バイオレンス上等！　日本児童文学の夜明け

「時代遅れ」だった日本昔話

どんなにうるさい教育者だって、伝統的な日本昔話に文句をつけることはなさそうに思える。かつて日本ＰＴＡ全国協議会が実施していたアンケート「子どもに見せたい番組」でも、『まんが日本昔ばなし』は上位の常連だった。だが、明治時代は日本昔話が攻撃の対象となることも珍しくなかった。

有名なところでは、福沢諭吉が我が子のために記した教訓書『ひびのおしえ』（明治四年）での「桃太郎」批判がある。

ももたろうが、おにがしまにゆきしは、たからをとりにゆくといえり。けしからぬことならずや。たからは、おにのだいじにして、しまいおきしものにて、たからのぬしはおになり。ぬしあるたからを、わけもなく、とりにゆくとは、ももたろうは、ぬすびとともいうべき、わるものなり。（…）ただよくのためのしごとにて、ひれつせんばんなり。

（福沢諭吉『ひびのおしえ』）

福沢諭吉の怒りの理由は、当時の「桃太郎」の多くに鬼が悪さをしていたという記述がなかったことにあった。民衆にとって鬼といえばワル、ワルといえば鬼なのであり、娯楽として親しまれていた昔話に大義名分は不要だった。この理不尽さゆえに、近代国家を担うべき明治の子供にはふさわしくない非道な内容と捉えられたのだろう。

江戸時代でも、日本昔話はすでに口承民話や赤本（表紙の赤い絵冊子）などの形で民衆の間に広まっていた。とはいえ現代のように大量印刷で同一内容の本を全国販売しているわけではなかったから、村人や殿様から言われてしぶしぶ鬼ヶ島に向かうニート桃太郎もいれば、牛糞をお供にする桃太郎もいて、地域や媒体ごとにその内容はバラバラだった。桃太郎の出生も統一されておらず、江戸時代には桃を食べて若返った老夫婦がハッスルして桃太郎を出産する「回春型」のほうが主流だったという。

この「回春型」が消えて桃から生まれる「果生型」に一本化されたのは、明治二〇年に文部省から刊行された読み書き教科書『尋常小学読本』に採用されてからのことだ。小学一年生の教材として、幼い子供に語り聞かせる昔話の定番だった桃太郎を掲載するにあたり、性的な要素が避けられたのだろう。とはいえ相変わらず、鬼は何も悪さをしていないのにやっつけられている。なじみやすさから教科書に採用されたものの、桃太郎はまだ「ひれつせんばん」呼ばわりされても致し方ない立ち位置にいた。

小説の価値を称揚する立場からも、昔話はネガティブに扱われた。坪内逍遥『小説神髄』では、「猿蟹合戦」「桃太郎」「舌切雀」「かちかち山」といった昔話は「寓言の書《フヘイブル》」と呼ばれ、いずれ消える運命にあるとされた。人間の内面を描く「小説」を、大人の男の鑑賞に堪えうる新しい芸術として啓蒙する立場からすれば、母親・祖母によって語られる昔話は、「小説」への進化の過程で淘汰されるものでしかなかったのだ。

一方、キリスト教的な立場から女性を啓蒙しようとした女子教育家の巌本善治は、西洋ではイソップ物語が道徳的な教訓を教えるものとされていたことから、昔話を聞かせることの道徳的価値を擁護した。しかし子供に勧善懲悪を教える日本昔話として彼が挙げたのは、「猿蟹合戦、かちかち山、又は舌切雀、花咲き爺」（「子供のはなし」／『女学雑誌』第九五号、明治二一年）のみだった。肝心の「桃太郎」は外されている。

言われてみれば、「猿蟹合戦」「かちかち山」「舌切雀」「花咲爺」「桃太郎」の五大昔話の中で、「桃太郎」は異質である。欲張りだったりいじわるだったりする登場人物が罰を受ける勧善懲悪な他の昔話に比べ、「桃太郎」には道徳臭がない。大きな桃を拾ってきたおばあさんが欲張りだからといって魑魅魍魎に襲われたりしないし、桃太郎は親孝行に励むどころかふらりと鬼退治に出かけ、単にほしいからという理由で他人の宝を奪ってしまう。

そんな教育的によろしくない「桃太郎」を正義のヒーローに仕立てたのは、明治時代を代表する児童文学作家の巌谷《いわや》小波《さざなみ》だ。

「努力・友情・勝利」巌谷小波の登場

子供に与えられる読み物は道徳教育に役立つとされた寓話や偉人の伝記、わずかな翻訳小説の類しかなかった時代に、巌谷小波はさっそうとデビューした。

新興出版社だった博文館は子供向け叢書をスタートするにあたり、清純な恋愛小説で少年少女描写に定評のあった新人作家の巌谷小波に白羽の矢を立てた。一八九一（明治二四）年、「少年文学」叢書の第一編として、『こがね丸』が刊行される。父犬を虎（金眸《きんぼう》大王）に食い殺されたみなしごの子犬が武者修行に出る仇討ち物語『こがね丸』は、印刷技術の発達による書籍の廉価化とあいまって、大成功を収めた。猟犬とのバトルを経ての友情、主人公の恩に報いるために我が身を捨てる鼠《ねずみ》の自己犠牲、大けがを治す霊薬を持つ謎のウサギ老人、最後は犬たちが友情パワーでかたき討ちを果たす「努力・友情・勝利」な少年マンガ的ストーリーが、子供たちに圧倒的に支持されたのである。「犬生」と書いて「じんせい」と読みたくなるような熱い犬たちの物語が、物語に飢えた明治の子供たちに人気が出ないわけがない。

情欲も煩悩もなければ教訓もない巌谷小波のカラッとしたエンタメ物語は、とにもかくにも新しかった。医者になるため八〜九歳からドイツ語を学び、いちはやくドイツのメルヘンを愛読して育った巌谷小波にとって、一番重要なのは芸術でも教育でもなく、面白さだった。『こがね丸』刊行当時二〇歳そこそこという若さも、子供の心をつかむのに有利に働いたのだろう。

江戸戯作文芸の流れをくむ勧善懲悪物語は、欧化政策の反動で国家意識が高まっていた時代にぴったりはまったのか、新聞・雑誌も『こがね丸』を好意的に取り上げた。序文を寄せたのは、かの文豪・森鷗外である。「奇獄小説に読む人の胸のみ傷めむとする世に、一巻の穉《おさな》物語を著す。これも人真似せぬ一流のこころなるべし」。「奇獄小説」とは、探偵小説のことである。明治一〇年に日本初の翻訳探偵小説『楊牙児《ヨンゲル》ノ奇獄』が『花月新誌』に連載されて以来、西洋の探偵小説はすでにいくつか出回っていた。明治一三年を舞台にした森鷗外『雁』にも、当時の文学趣味の青年たちが「まだ新しい小説や脚本は出てゐぬし、叙情詩では子規の俳句や、鉄幹の歌の生まれぬ先であつたから」、『花月新誌』で「西洋の或る大学の学生が、帰省する途中で殺される話」を読んだという記述がある。黒岩涙香の翻案探偵小説も人気があった。こうした探偵小説を大人の目を盗んで読んでいた子供たちがいたからこそ、この序文なのだろう。

『こがね丸』出版の三〇年後に刊行された『三十年目書き直しこがね丸』の巻末には、「あれは九歳の冬か十歳の春でしたらうか。母親にかくれて八犬伝や春陽堂の探偵小説本などをぬすみ読みしてゐた時代に、初めておほつぴらに買つて貰つて読んだ本」と当時を振り返る元読者の感想が掲載されている。小説を禁じられていた明治中期の子供が初めて大っぴらに読めた楽しい物語、それが『こがね丸』だった。

忠義と孝行のためなら残虐描写もOK

『こがね丸』も健全一辺倒だったわけではない。虎に鹿の愛人がいたり、鼠の奥さんに横恋慕した猫がその夫を殺したりといった不倫描写に、批判が寄せられることもあった。動物たちがお互い殺し合う残虐描写は問題にもされず、それらの要素が『こがね丸』人気に陰りを落とすこともなかった。その後も「少年文学」叢書からは、母親とその浮気相手に父親を殺された幼い兄弟が浮気相手を殺す短編を収録した『五少年』（中村花痩）や、女郎買いの三題噺が出てくる『甲子待』（南新二）、残忍な刃傷沙汰を扱った『新太郎少将』（高橋太華）が出版された（千葉俊二「「少年文学」にみる子ども像」）。

当時は児童文学に、セックスとバイオレンスを避けようという意識は希薄だったようだ。ママがおばけになる絵本が問題視される現代からは考えられない。それもそのはずで、より強大な国家体制確立を目指して一八九〇（明治二三）年に教育勅語を発布したばかりの大日本帝国では、少年に求められる道徳が今とは異なっていた。帝国主義国家にふさわしい人材となるためには、艱難辛苦を経て強くなり、悪しき敵を倒すことが重要であって、忠義と孝行のためならバイオレンス上等なのである。実際、「少年文学」叢書の大半は、戦国武将の英雄伝や偉人伝といった、少年たちに大人のモデルを示す物語で占められていた。

もちろん子供の性的不品行はあってはならないことだったが、悪の要素として性を描く分には許されていた。「子供は汚らわしい大人の世界から守ってあげなくてはいけない弱く純粋な存在」「共感力を養って心優しいよい子に」といった現代の子供観・教育観が広まるのは、大正時代以降のことである。欧米列強と肩を並べるには、栗を運ぶごんぎつねの気持ちを想像している場合ではないのだった。

一方、巌本善治が主宰するキリスト教系婦人誌『女学雑誌』では、一八八八（明治二一）年より母親が子供に読み聞かせるべき道徳的なお話を毎号掲載していた。名訳と誉れ高い若松賤子の翻訳『小公子』（バーネット）の連載も、『こがね丸』刊行の一年前に始まっている。しかし子供人気が高かったのは、断然『こがね丸』だった。『小公子前編』自序において、若松賤子は「私《わたくし》どもが濁世《にごりよ》の蓮花《はちす》、家庭《ホーム》の天使《エンジエル》とも推すべき彼《か》の幼子《をさなご》の天職は、いとも軽《かろ》からぬことで御座ります」とキリスト教の観点から子供をピュアな天使と扱う価値観をいち早く示している。そうした子供観を反映した『小公子』の主人公セドリックは、戦わずとも大人を改心させる純粋無垢な心を持った賢い美少年である。それは母にとって理想の息子であるとしても、一般の少年が感情移入できるような対象ではなかったのだろう。悪者をこらしめる強くたくましい少年像は、時代の要請であると同時に、少年自身が求める規範でもあったのだ。

「桃太郎」「浦島太郎」を正義のヒーローにリメイク

『こがね丸』をはじめとする「少年文学」叢書をヒットさせた博文館は、引き続き巌谷小波を起用して「日本昔噺」叢書の刊行をスタートする。これは民間説話を子供たちがわくわくするような書きぶりでリメイクしたシリーズで、現在知られる昔話の多くは「日本昔噺」叢書によって国民的スタンダードとなったものだ。巌谷小波が自作の子供向け物語や昔話を「お伽噺」と名付けたことで、子供向けのお話全般が「お伽噺」と総称されるようになった。「お伽」とはもともと、貴人の退屈をまぎらわせるために話し相手をすることを意味する言葉で、聞き手は大人であることが想定されていた。室町時代から江戸時代にかけて成立した短編物語の総称「御伽草子」も、基本的には大人向けの物語である。

たとえば「御伽草子」における「浦島太郎」は、釣った亀を放してやった浦島太郎が、亀の化身である美女の強引な誘いで豪邸へ連れてゆかれて三年間の結婚生活を送るという、今とは異なるなまめかしい筋立てである。さらに平安中期の『続浦島子伝記』までさかのぼると、「魚比目之興」(魚が並んで泳ぐような体位)だの「鸞同心之遊」(男性騎乗位)だの体位の名前がバンバン出てきて、浦島太郎が「亀が教える本当に気持ちのいいセックス」を堪能しまくっている。よくよく考えてみれば、大の男が「タイやヒラメの舞い踊り」だけで、白髪になるまで時間を忘れるはずもないのだった。

この浦島太郎が現在では「いじめっ子から亀を救う正義のヒーロー」として知られているのも、巌谷小波版の「浦島太郎」が「日本昔噺」叢書を通じて普及したからだ。

同様に、「日本昔噺」叢書第一編として一八九四(明治二七)年に出版された「桃太郎」

にも、正義のヒーロー要素が盛り込まれることになった。巌谷小波版「桃太郎」では、桃から出てきた桃太郎は、おじいさんとおばあさんにこう語りかける。

イヤ驚くまい〳〵、私は決して怪しい者ではない。実は天津《あまつ》神様《かみさま》から、御命《おほせ》を蒙つて降つたもので、（…）

「決して怪しい者ではない」と言いながら生まれてくる赤ちゃんほど怪しいクリーチャーもなかなかないが、ここで見るべきは「神様の命令で生まれてきた」というくだりである。民間説話の主人公に、さりげなく「高貴な生まれ」要素を足している。これにより、桃から出て来たただの力持ちではなく、血統によって覚醒するヒーローとなった。このあたりも現代の少年マンガを思わせる。『ドラゴンボール』の孫悟空の父親はサイヤ人だし、『ONE PIECE』のルフィは革命家の父と海軍の英雄だった祖父を持ち、『グラップラー刃牙』の刃牙の父親は地上最強の生物だ。少年向けヒーローに、血筋の良さは欠かせない。

さらに大きな改変は、鬼ヶ島に攻め込む理由として、「其鬼心邪《こころよこしま》にして、我皇神《わがおほかみ》の皇化《みおしへ》に従はず、却て此の蘆原の国に冦《あだ》を為し、蒼生《たみくさ》を取り喰《くら》ひ、宝物を奪ひ取る、世にも憎《にっ》くき奴」と桃太郎に語らせている点だ。鬼たちが悪者である根拠は、天皇に従わず、日本人を食べて宝物を奪うからだと示している。

巌谷小波版『桃太郎』が刊行された一八九四（明治二七）年は、明治になって初の対外戦争となる日清戦争が勃発した年だ。海の向こうでの戦果は新聞によって全国に伝えられ、民衆は勝利に沸き立つことで国民意識を形成しつつあった。国民が応援する「皇軍の兵士」に重ねられ、桃太郎は晴れて正義のヒーローになることができたのだった。

母親たちの「桃太郎」批判

巌谷小波の日本昔噺叢書のおかげで、子供たちのヒーローとして再生した「桃太郎」だが、現代の視点から読むと驚くような箇所が多々ある。まず、桃太郎に出会った犬のあいさつがひどい。

「ウーわん〳〵！　己《おの》れ此斑殿《このぶちどの》の領分を、断りも無く通らうとは不届《ふとゞき》な奴、其の喰《く》つて居る弁当を、残らず置いて行けばよし。異議に及べば此処《このところ》で、頭から咬み殺してくれるぞ。ウーわん〳〵！」

犬、登場するなり殺意満々。しかし桃太郎も負けていない。「何をぬかす野良《のら》犬奴《いぬめ》！　吾こそは此度《このたび》皇国《みくに》の為めに、鬼が島を征伐に参る、桃太郎と申す者だ。邪魔立て致さば用捨はない、己《おのれ》こそ頭から真二《まつぷたつ》に切て棄てるぞ」と、こっちも殺す気満々。出会い頭で殺しあうのやめて！

キジも鳥類離れした喧嘩殺法の持ち主だ。「片ツ端から汝等を、咬み殺して呉れるぞ！」と煽りながら鬼ヶ島に一番乗りしたキジは、鉄棒で殴りかかってきた鬼をひらりと交わして脳天一突きで殺し、別方向から襲い掛かってきた鬼の胸板を突き破る。桃太郎、犬、猿も船から乗り込んで、そこから先はアクション映画さながらの大乱闘。命乞いをする鬼にも容赦がない。「日本《にほん》へ連れてゆき、法の通り首を刎ね、瓦となして屋根の上に梟《さら》すから、免《のが》れぬ処と覚悟を致せ！」鬼の首を切ってリアル鬼瓦にするなんて、ヤクザでも思いつかない。桃太郎チーム、伝説のヤンキーみたい。

児童文学の残虐描写が社会的に批判されることのない時代ではあったが、「家庭」的には少々問題があった。日本で「家庭」という言葉が使われるようになったのは、明治二〇年代に西欧のホーム概念が輸入されてからのことだ。それまでの「家」とは、家長たる男性が子供の教育を含めて一切を取り仕切るものだったから、母親を中心に親子が愛情で結びつく「家庭」は新しい概念だった。明治三〇年代に入ると、家庭道徳の守り手としての母親役割が女性雑誌・家庭教育書を通じて広められる。こうした教育書の中には、お伽噺を道徳的な観点から批判的にみるものもあった。

明治三六年三月に日本母の会同盟会から出版された教育指南書『母．第1編』の「五．お伽噺のこと」という項目では、イソップ物語やギリシャ・ローマ神話などを良書としておすすめしつつも、桃太郎やかちかち山、舌切雀といった日本の昔話に対しては、「みだりに供給することは考えねばなりません」と否定的だ。「桃太郎の話を聞けば自分も桃太郎その人になった気になり、酒呑童子の話を聞けばまたそれになる。思うても御覧なさい。よし想像だけであっても、右の手に大杯を挙げ満面朱のごとき夜叉的人物となったとするならば、彼らの将来にいかなる影響を与えるでしょうか」

子供がライダーキックを真似して暴力をふるっては困ると『仮面ライダー』を問題視するような観点が、早くも登場している。お母さんとしては我が子が首切り抗争に明け暮れる喧嘩師になってしまっては下げる頭がいくつあっても足りないわけで、読ませたくないと思うのは無理もない。

わんぱくお伽噺への批判

日清戦争以降に書かれた巌谷小波のお伽噺を読むと、残虐描写やあからさまな皇国主義は次第に影を潜め、動物や植物がのびのびと活躍する天真爛漫なお話が増えてくる。登場人物も「やアい〳〵雷やイ！　お臍が欲しけりや取りに来い。お臍は何《ど》れでも選《よ》り取りだイ。ポンポコ、ポンポコ、ポンポコポン！」と雷を煽るようなわんぱく少年（「雷の臍」）や、小さな池でのいじめに耐えかね海へ飛び出して「総理鯛臣《たひじん》」になる金魚（「金魚銀魚」）など、おおらかでユーモラスな存在に変化している。お伽噺を書くために一番必要なことは「自分が子供になること」だと語っていた小波は、リアルな子供の言動や感想に触れるため、子供たちにお話を語り聞かせる活動に熱心に取り組んでいた。これが作風の変化につながったのだろう。ファン層はますます広がり、児童文学における巌谷小波一人勝ち状態は続いていく。

しかしこのドタバタ路線もまた、論議を呼んだ。代表的なものは、明治三一年に起きた国文学者・武島羽衣と巌谷小波のメルヘン論争だ。武島羽衣は『少年文集』および『帝国文学』で、少年の心に寄り添うメルヘンの作者は巌谷小波をおいてほかにいないとその功績をたたえつつ、有益な教訓や大々的な理想が欠乏していると批判した。さらに巌谷小波作品の感化力を見込んで、忠君愛国や国家的観念を子供たちに鼓吹するような物語を書いてほしいと要求したのである。巌谷小波は武島羽衣に対する反論「メルヘンに就いて」を『太陽』に寄稿する。

一言以て申さば、父兄がおとなしくさせんとする小供を、小生はわんぱくにさせ、学校で利巧にする少年を、此方は馬鹿にするようなものに御座候。(…)

されど、必ずしも寓意、教訓の筆法を、絶対的に排斥する者には無之、時として之を用うるも、そは忠孝仁義等のみの道徳主義を採らず、寧ろ尚武冒険等の腕白主義に依らんと欲する者に御座候。

(巌谷小波「メルヘンに就いて」/『太陽』四巻一〇号、明治三一年五月五日)

道徳よりもわんぱく、忠君愛国よりも尚武冒険、利巧よりもバカを良しするこの「わんぱく主義」は、教育勅語が教育界を支配していた当時としてはかなりアナーキーな言説といえる。子供たちの圧倒的な支持が、それを言えるだけの自信の支えになっていたのだろう。

お伽噺からの感化を心配するお母さんに対しては、「子供に代つて母に求む」という反論のような反抗のようなエッセイを婦人向け書籍に掲載している。

例えば鬼ガ島の征伐や、舌切雀の重い葛籠を、実の話として興じているならば、どうかこれを打破らずに、かえってこの興を助けて貰いたい。蓋し子供の時分の空想は、何ぞ知らん、他日の理想を産む基だ。それをも考えずに、この柔い我々の頭脳を、はじめから理屈詰めにして、堅くるしく叩き上げられてたまるものか。

（巌谷小波「子供に代つて母に求む」／『ふところ鏡　女子処生』明治四〇年）

このとき巌谷小波は三〇代後半で、大方の母親よりも年上である。それでも子供になりきって怒っているのだから、わんぱく主義も筋金入りだ。

お伽噺批判に対し、巌本善治は巌谷小波を肯定する側に回った。「これを馬鹿らしとするものは、高等小学以上中学程度の生意気盛の男児と、また学問一点張の学者となるべし」（「巌谷小波氏」／『女学雑誌』第四七四号、明治三一年）。道徳要素の薄い巌谷小波作品を厳格なキリスト教主義者が擁護するとは意外だが、彼は擁護ついでにこんなエピソードを披露している。華族女学校幼稚園を観覧した巌本善治は、女児にお話のおじさんとして同園を出入りしていた巌谷小波と間違えられ、巌谷小波のお伽噺を読み聞かせるはめになった。帰り際には、女児たちが巌本善治の裾をつかんで足にすがり、「帰られん、帰えさぬ」と叫ばれるほどの人気者になってしまう。よほど凍りきったハートの持ち主でない限り、この状況に陥って巌谷小波を肯定しない人はいないだろう。「彼無邪気なる輩に愛慕せらることを得る、豈にまた楽しからずや」ヒゲのおじさんのにやけ顔が目に浮かぶようである。

「想像力」の教育効果の発見

巌谷小波の反論で注目すべきなのは、それまで悪しきこととされていた「空想」を、「理想を産む基」として高く評価していることだ。お伽噺ブーム当初よく寄せられた批判に、犬や花がしゃべるなどの空想的なお伽噺は子供の科学教育に望ましくないというものがあった。しかしお伽噺が流行したからといって、花がしゃべると思い込む子供が急増したりはしないわけで、空想批判はじきに下火になる。

代わりに明治後期以降、児童心理学や教育学が輸入されるにともない、虚構によって育まれる「想像力」の教育的効果が、盛んに称揚されるようになった。「少年文学の教育的価値として第一に数うべきは想像力を養成し、活動せしむるの効あること也」(「少年文学の教育的価値」/『帝国文学』明治三四年二月)、「お伽噺が子供の想像を活発豊富ならしめ、物を有生視し人格化するのは、文学と同じで、毫も差支なく、色々利益があると思います。（…）想像力は、人間の宝で、想像で以て現実を補い、美化し、生命を与えればこそ人生も一段と味があるものと思います」（下田次郎「万事を有生視し人格化するの妙」／『少年世界』増刊『お伽共進会』明治四〇年六月）などが代表的なものだ。想像力の教育的価値と言っても、現代のような「人の気持ちを想像する力を育めばいじめがなくなる」といった道徳的なものではなく、科学の発展や生活の美化に寄与するものという位置づけである。

明治前半までは虚構や空想が悪徳視されていたのに、なぜ急に「想像力」が子供に必要なものとされるようになったのか。文部省図書審査官の吉岡郷甫によるお伽噺推薦の言葉に、その答えがありそうだ。

> 想像力は人間向上の母で、人生の幸福は皆それが生んだものだ。由来西洋人が進取的で、吾国人が退嬰的であるというのも、一つはこれが持って居るお伽噺の性質に由るに違いない。西洋お伽噺の想像は思い切って大きいが、日本のは極々小さい。それに教訓が余りに露骨である。随ってこせこせした、ませた人間を作り易い。（…）お伽噺の重なる価値は、児童の想像力を刺戟する所にあるのだから、想像の大きなもの程貴い。そうして教訓は放胆的であって、細心的なものであってはならぬのである。
>
> （吉岡郷甫「進取的国民の養成」／『少年世界』増刊『お伽共進会』明治四〇年六月）

日本が欧米列強に伍する国家となるためには、国民の意識はより大きく、進取的であらねばならない。大らかなお伽噺を読ませて、想像力の翼をはためかせ、子供たちの意識を海の外へ向かわせよう——そんな思惑がほのみえる。

当時のお伽噺には、子供の心を一つにするパワーがあった。子供を教化するにあたり、これほど使えるツールもない。「わんぱくでもいい、たくましく育ってほしい（のちのち兵隊にするから）」という国家の意思とともに、わんぱく主義は普遍化していく。

明治四四年、文部省は大衆文化を規制して国民道徳を涵養するために通俗教育調査委員会と文芸委員会を設置するが、巌谷小波は両委員会の委員に任命されている。封建主義批判を公言していた巌谷小波が国家に重用されたのには、そんな背景があったのだろう。明治時代の子供というと、教育勅語によって抑圧されていたイメージがあるが、外側から抑えつける儒教道徳とは別に、「男の子は少々乱暴でもよいから、想像力を広げて強くたくましく冒険すべし」とするわんぱく主義もまた、子供の内面から帝国主義を支える一種の規範として推奨されていたことは見逃せない。

少年雑誌で作られた男らしさ規範

少女は「少年」だった

努力・友情・勝利にわんぱく主義、ヤンキーの抗争のような桃太郎の鬼退治。明治時代の少年文学の主人公は男の子ばかりで、女の子は蚊帳の外である。だいたい「少年」という言葉からして、女子不在という印象を受ける。それでは一体、「少女」の読者はどこにいたのだろう。

実は明治中期くらいまで、「少年」は男女問わず、若者全般を広く指す言葉だった。「少年老いやすく学なりがたし」「少年に学ばざれば老後に知らず」ということわざにおける「少年」には、子供というより「知的エリートを目指して勉学に励む若者」というニュアンスがある。明治一〇年に創刊された日本初の全国規模の子供雑誌『穎才新誌《えいさいしんし》』は、まさにそのような立身出世を夢見るエリート少年が作文を投稿するメディアだった。

作文といっても、現代のような「運動会で感じたことを自由に書きなさい」式の感想文ではない。模範文をもとに、大人と同じような漢文調の意見文や手紙、漢詩などを書くこと、それが「作文」だった。当時は手紙から書類まで正式な文書は漢文調で書かなければならなかったから、まずは漢文をすらすら書くという高いハードルを越えなければエリートにはなれなかったのである。

作文なら、今も昔も女子の活躍しどころだ。『「少女」の社会史』（今田絵里香）によれば、『穎才新誌』創刊当初、投稿者のうち実に37・4％が女子だったという。男子投稿者のみならず女子も「少年」を自称して、「少年ハ宜ク勉ムヘキノ説」といった作文を寄せることもあったようだ。

創刊当初は、年端もゆかない少女たちが男女同権を論じることもあった。「アジアには男が女を奴隷のように見る風習があるが、上等の人は男女同権を論ずるものだから、我が国の文明が進めば女も学問をして軽んじられることはなくなるだろう」という主旨の「男女同権ノ論」（明治一〇年六月二三日号）や、「女も学問に励めば賢人となって官吏に登用され幸せになれる」という主旨の「男女仝権《どうけん》如何」（明治一一年二月二三日号）は、それぞれ一〇歳、一三歳の少女による作文だ。一九世紀の日本で、少女が生き生きと自己主張していたことに驚かされる。「男も人なり女も人なり」と旧時代の男女不平等を批判した福沢諭吉『学問のすすめ』が教科書として使われていたくらいだから、明治一〇年前後までは平等や個人主義をおおっぴらに主張できる自由闊達な空気があったのだろう。裕福な家庭の子女に限られるとはいえ、少女が素朴に学問による立身出世を夢見ることができた時代もあったのだ。

『穎才新誌』の変貌」（桑原三郎『研究＝日本の児童文学2　児童文学の思想史・社会史』所収）によれば、作文投稿者のうち最年少と思われるのは七歳男児で、タイトルはなんと「煙草」である（明治一〇年八月四日号）。テーマもたいがいだが、文体も「能ク人ノ倦鬱ヲ爽快セシム。然レドモ吸呑多量ニ過レバ極メテ健康ニ害アルモノナリ」と、七歳児らしさのかけらもない。一一歳男子からも、「友達と本を読んでいて内容が難しくてわからないときは本をおいて一緒にキセルで煙草を吸う」という内容の作文「喫烟説」（明治一一年五月一一日号）が寄せられている。明治二七年になってようやく文部大臣井上馨が「小学校ニ於イテ生徒ハ喫煙スルコト及煙器ヲ付帯スルコトヲ禁ズベシ」と小学生の学校での禁煙を命じる訓令を出しているくらいだから、煙草を吸う小学生は珍しくなかったらしい。

同様に、一二歳男子が酒をたしなむことを語る「夏日飲酒之記」（明治一一年七月二〇日号）も何の問題もなく掲載されているので、子供に酒煙草はご法度、という道徳感覚はまるでうかがえない。明治一〇年頃の模範的「少年」像は、わんぱくでも健康スポーツ少年でもなく、勉学に励んで大人と同じような文章を書く大人予備軍だった。大人と子供の区分があいまいなある意味テキトーな時代であったからこそ、女子も「少年」に参画可能だったのだろう。

もちろん当時、女子が勉学に励んだところで男子のように成功する道などないに等しかった。身分制度が撤廃され、武士の子供も農民の子供もそろって同じ学校に通うようになったことで、男女不平等もそのうち解消すると信じられる余地もあったのかもしれない。

しかし「男も女もみんな勉強して立派な人間になれば豊かな生活を送れるし国家も発展してみんなハッピー♪」という素朴な平等幻想は、自由民権運動の反動で儒教主義教育が復活し始めたことで、早くもはしごを外されてしまう。明治一二年に女子の裁縫必修と男女別学を原則とする教育令が公布され、それまではわずかにいた女子生徒も、中学校から一掃されることになった。

続いて明治一五年に同誌上で起きた「男女不同権論争」は、女子投稿者の意欲をそぐのに十分だったろう。おおかたの男子投稿者が、知的に劣る女子が男子と対等に学問をするなどありえないと考えていたことが明らかになったのだから。「男も人なり女も人なり」は、日本人には早すぎた思想だった。『「少女」の社会史』によれば、かつては全投稿者の三割以上を占めた『穎才新誌』の女子投稿者は、明治一五、一六年を境にほとんど消え失せる。

「少年」誌の創刊ラッシュ

明治二〇年代になると男子の過半数が小学校に通うようになり、一般にも文字が読める子供たちが増えてくる。こうした少年たちを対象に、さまざまな少年誌が創刊された。一八八八(明治二一)年に創刊された初の少年誌『少年園』の表紙イラストは洋装した男女で、終刊まで表紙は変わらないままだった。主幹の山県悌三郎は、創刊号で「予輩は一に今の少年諸君、中小学の生徒諸子に向て大に望を属するものなり」と記し、小学校と中学校に通う生徒を「少年」と呼んで男女の区別をつけなかった。山県悌三郎は文部省で教科書の編纂にあたっていた人物で、雑誌の内容も娯楽より教育要素が強かったから、わざわざ性別を意識する必要はなかったのだろう。もっとも、明治二〇年の女子の小学校就学率は男子60％に対し28％に過ぎず、女学校で中等教育を受けられる女子となるとごくわずかだった。必然的に、少年誌の掲載内容は男子向けに偏っていく。

一八九〇（明治二三）年創刊の『少年文武』は、その名のとおり教育の中に武道を取り入れている。創刊の巻頭言には、武道を重視する理由として「東洋人種の白晳人種に於ける は恰も往時町人百姓が武士に於けるか如く、常に凌辱を蒙り、なかなかに口惜しき事ども数多有之候得ば、なまめきたる文学にのみ心を移し、万一にもいざ戦争といふ日に於て、おめおめ人の笑ひと相成（…）」とある。西洋人の狼藉に泣き寝入りせざるを得なかった不平等条約への怒りが、武道の重視につながったようだ。戦争への機運が高まり、強い軍人を育てなければならないという大人たちの意識が広がると、エリート少年だって煙草スパスパしながらお勉強だけに励んでいるわけにはいかなくなる（「軍人たるに不適当」として未成年者喫煙禁止法が制定されるのは明治三三年のことだ）。

したがって『少年文武』には、スパルタ少年の物語や元寇の顚末など、強い男子の育成を想定した読み物が少なくない。科学読み物「理科春秋」は、カブトムシが好きな男らしい小学生「甲虫博士」と、蝶の魅力を文学的に説明する文化系小学生「胡蝶狂生」のかけあいで自然科学を解説している。当時の男子に必要とされた「文武」のキャラクター化だろう。

「日本スゴイ」でヒットした『少年世界』

一八九五（明治二八）年、満を持して巌谷小波を主筆として迎えた本格的な少年向け読物雑誌『少年世界』が創刊される。「娯楽の間に良徳を養ひ、愉快の裡に明智を得せしむべし」と堂々エンタメ路線を打ち出した同誌は、刊行初年度から各号平均八万部という売り上げを記録する。それまでの少年雑誌は非商業的な教育雑誌としての色彩が強かったから、同誌はすぐさま少年雑誌のトップに君臨することになった。

エンタメ路線といっても、創刊号には現代の少年向けメディアには欠かせないスポーツ系の記事は見当たらない。部活などのスポーツ文化は未発達だったからだ。女子のほとんどが中等教育を受けられない状況では、学園ラブコメも難しい（そもそも家父長制下では自由恋愛はご法度だ）。

現代の少年文化に欠かせないバトル、アクション、ゲーム、熱血ヒーロー……そのあたりはすべて「戦争」が引き受けた。『少年世界』創刊は、日清戦争の真っただ中で行われたのだ。

『少年世界』創刊号を眺めると、見事に軍事・皇国主義一色である。天皇陛下を寿ぐ歌から始まり、続く論説「明治廿八年を迎ふ」で日清戦争を称えつつ、「此の名誉ある新強国の小国民」と読者を持ち上げる。目玉である巌谷小波お伽噺「日の丸」も、国旗を擬人化して日清戦争を寓話化した愛国ド真ん中の作品である。しかし主人公「日の丸」の活躍は、意地悪な手水鉢の氷を太陽光で溶かして水杓を助けるという地味なものにとどまっている。そのため、主役の座を悪役の手水鉢に明け渡している感が否めない。

　手水鉢「エイ、生意気な事をぬかすなイ。全体貴様からして気に喰はん奴だ。をつう開化ぶりやがって、国旗だのフラフだのと、高慢ちきな名前をつけて、祭日だと云っては出しゃばり、おまけに日清の戦争が初ってからと云ふものは、ヤレ何處を取ったの、ソレ此處で勝ったのと、號外が来るたんびに戸外《おもて》へ飛び出し、竿の先に取っ付かまって、威張った面してピラ付いてるのが、平常《ふだん》から癪に障ってたまらねェんだ」

実に生き生きとした煽りセリフである。国旗を桃太郎のようにヤンチャ化するわけにはいかなかったにしても、日の丸を煽る鉢のほうが面白いようでは、愛国童話としては微妙と言わざるをえない。「忠君愛国」を娯楽にする難しさがうかがえる。

お勉強コーナーだって、愛国尽くしだ。創刊号の「科学」欄では、世界地理を教えるにも「四千九百萬方哩の地球に於て、我日本人ほど名誉なるものはあらず」と日本スゴイ論から始まり、「日清の戦争は、吾等少年を世界の舞台に上せて、其智識を研かしめんとす」

と、日清戦争を織り込むことも忘れない。

創刊号の「史伝」欄で取り上げられた歴史上の出来事は、日清戦争に絡めて豊臣秀吉の朝鮮出兵までさかのぼる「英武蒙求」「三韓征伐」に、ナポレオン戦争をテーマにした「トラファルガーの海戦」と、これまた戦争一色である。同誌の「史伝」欄は、歴史上の武将や幕末の志士らを美化した英雄譚の形をとることが多かったという（成田龍一『近代都市空間の文化経験』）。少年たちは「スゴイ日本人」に憧れ、ときに同一化し、ヒーロー像を共有することで、「われら日本人」としての国民意識を育んでいったのだろう。

「文学」欄では、日清戦争の戦況が手に取るようにわかって幸福な気持ちになれるのは新聞雑誌の文章のおかげなのだから文章力を磨きなさい、と少年を鼓舞する。「詩」欄ですら、「支那をして、我國の詩軍に降らしむると、あながち空想のみにはあらざるべし」と詩人がポエム軍を組織して中国に攻め込みかねない勢いである。「遊戯」欄で紹介されている遊びも、すごろくやドッヂボールのようなせせこましいゲームではない。生徒が一〇〇人ずつ甲軍・乙軍に分かれて上野公園と芝公園を陣地に争う本格的な「戦争遊戯」だ。こうなると愛国・軍事要素のない記事のほうが少ないくらいで、当時の少年たちがどれだけ日清戦争に魅せられていたかがしのばれる。

異世界に天空ファンタジー　冒険小説の登場

『少年世界』第二号から連載が始まった小説「万有探検　少年遠征」（中川重麗）は、日本の少年冒険小説の嚆矢とされる。物語は、日清戦争で大儲けした貿易会社の社長が、「国家に有用なる」人材となるために息子たちをアフリカに送りだすところから始まる。兄弟の年齢は一二歳と一五歳。「従来富家の子弟と云へば、年長《とし》ずるまで、乳母又は侍女の手に托せられたれど、今は世のさま頓《とみ》に変りて、此《かく》の如く雄々しくなりしは（…）」という導入部の文章からは、日清戦争前後で特に男子に求められるものが大きく変わったことがわかる。手取り足取りお世話されながら机上の勉強に励むおぼっちゃまから、女手がなくとも遠方の地を探検し自ら切り開いていく強くたくましい男へ。父親が彼らに付き添わせたのは、四〇代の博士と二〇代の博物学士だけだった。

　アフリカ大陸に上陸した少年たちが真っ先に出会ったのは、動物の頭部や蛇を体じゅうに巻き付け、魔法の粉で海の怪獣をやっつける「魔法師」である（別名「蛇寺の大和尚」）。少年たちは魔法師と交渉し、文明の産物である鈴付きの犬の首輪と交換して魔法の粉を得る。

　現代文明でチートをして異世界を攻略する。まるで現代の異世界ファンタジー小説のようだ。実際、テレビのない時代の少年にとって、欧米はともかくアフリカは未知の異世界そのものだった。「万有探検　少年遠征」には、現地住民が日本人からガラスの鏡などを与えられて大喜びする描写や、金鎖の時計を「魔神」と呼んで欲しがる描写、レンズで火をおこした少年に「神」の術と騙されておびえる描写など、日本の文明がアフリカよりも進んでいることを示す場面がたびたび登場する。読者はアフリカの珍しい動植物描写を楽しみ、毒虫に刺されたり猟師にさらわれたりするスリリングな展開にワクワクしながら、「未開人」が日本の文明に驚くさまをみて「日本スゴイ」を再確認することができた。

明治二八年一〇〜一一月に三回にわたって連載された「冒険小説　膀胱船」（江見水蔭、竹貫佳水）になると、もはや親の許可も得ずに少年が自作の牛の膀胱船で海洋冒険に出かけてしまう。少年は命からがら陸地に泳ぎ着くが、無茶をとがめたてられることなくのちに海軍士官になる。子供らしい海の向こうへの好奇心は、男子の場合そのまま軍人への憧れに結び付けられ、「国家に有用なる」人材となるべく運命づけられた。

忠君愛国よりは冒険・探検小説のほうが読者の心をつかんだとみえて、巌谷小波も明治三〇年九月から空を舞台にした冒険小説『入道雲』を七回にわたり連載する。少年が九個の風船で空を飛び、雨龍などと戦いながら入道雲を征伐する天空ファンタジーで、創刊当初に比べると教育勅語的な要素は薄まっている。

作られた「少年＝やんちゃ」規範

日本の少年のすごさを称揚するため、外国の少年との比較も行われた。

朝鮮人の子供は男の子でも日本の女の子よりおとなしいですが、日本人の子供はアチラで生れた者でも荒つぽくて仕様がない、相撲を取る、石を投げる、叩合《たたきあひ》をする、木に上る、悪口を云ふ、叱り付けても中々驚ろかない（…）戦争をしてドコの兵隊にも負けぬのは子供の内から此気象があるからでせう。

（木村睡虎「朝鮮の幼年世界」／『少年世界』第七巻第一六号、明治三四年）

石を投げたりたたき合いをしたり悪口を言ったりといった乱暴さや、「叱り付けても中々驚ろかない」という長幼の序をふまえないふるまいは、儒教の教えからはほど遠い。戦争勝利という絶対善の前で、それまで支配的だった儒教道徳がかすんでしまったかのようだ。『大日本帝国の「少年」と「男性性」』（内田雅克）では、こうした描写が『おとなしい』と特徴づけられた朝鮮の少年を梃子として、『やんちゃな』日本人少年像が望ましくあるべき『少年』として捏造される」と分析されている。「少年はやんちゃで乱暴であるぐらいが好もしい」という規範は昔からあったかのように見えて、時流を汲み取った娯楽メディアの中で生み出されたものだった。儒教的な学校教育のもとで自由な衝動を抑え込まれた少年たちは、戦争や冒険の読み物に熱中することで欲求を開放し、「日本スゴイ」論に自尊心をくすぐられながら軍国主義国家にふさわしい少年像を主体的に目指していくことになる。

一方、「やんちゃで強くたくましい」少年像が理想化されたことで、女子は「少年」から置いてきぼりをくらうことになる。家父長制下の女子が、親にだまって牛の膀胱を集めて船を作って冒険するなんて、とうてい許されるはずがない。軍人になれない女子は、何を読み、何を目指せばいいのか。

「少女」の誕生

『少年世界』は創刊半年後の一八九五（明治二八）年九月に、女子向けスペース「少女」欄を設ける。これは子供雑誌に初めて現れた女子専用ページで、「少年」から「少女」を切り出した画期的な企画だった。少女文化はここから始まったといっても過言ではない。

少女欄の初回に掲載された若松賤子「着物の生《な》る木」（『少年世界』第一巻第一八号、明治二八年）は、実質的に日本初の少女小説とされる。同作は、母から頼まれていやいや前掛けを縫っていたお裁縫が苦手な少女・なつ子が、見知らぬ老人に誘われるがまま不思議の国にトリップする空想小説だ。向かった先は、帯のなる木や前掛け・帽子・リボン・足袋・下駄の畑などがあり、衣類を自由に収穫できる国。家族の衣類を自分で仕立てなければならなかった明治の女性にとって、夢のような世界だった。喜んだなつ子だが、老人に無断外出をとがめられ、家に帰れなくなってしまう。家でお裁縫していればよかった……となつ子が後悔したところで、どうにか帰宅。無断外出を戒める教訓小説である。

「少女」欄第二回では、夫である巌本善治が登場し、裁縫を嫌う女子に対してお説教している。「爪をあげたり、独楽を廻《さう》したり、終には鬚を生やして馬に乗つて軍人にでもお成《なり》なさるのですか。若し左様でなく、女は女としての美徳を作らふとするには、裁縫は是非

勉強しなければ成りません」（「裁縫科の勉強」／『少年世界』第一巻第一九号、明治二八年）

両者のメッセージは共通している。「軍人になれない女子は、『少年世界』を読んで男子と同じようにやんちゃや冒険に憧れてはいけない。家でおとなしく裁縫していなさい」。発するメッセージは似通っていても、女の子の夢を少しでもかなえようとユニクロのようなファストファッションの国を白昼夢として描き出した若松賤子の才気を感じる。彼女がこのまま書き続けていればファンタジー少女小説というジャンルが誕生してもおかしくなかったが、若松賤子は翌一八九六（明治二九）年二月に亡くなってしまう。

ハードコア婦徳を強いる「少女欄」

若松賤子が亡くなった明治二九年二月、巌本善治が「少女」欄に掲載した教訓小説「鶴の貞操」（山下石翁名義『少年世界』第二巻第四号）は、妻が不貞を働いたと勘違いした鶴のオスが百数十羽の鶴仲間を引き連れて巣を襲撃し、メスもヒナも皆殺しにするという残酷ＤＶ物語だ。「他人を簡単に疑ってはいけない」という教訓かと思いきや、鶴ですらこれほど操を重んじるのだから万物の霊長である人間はもっと重んじるべきという、完全にオス寄りの訓戒で締められる。妻に不貞の疑いあらば、無実でも一方的に惨殺しましょう、とは理不尽にすぎる。

このほかにも、美しいがトゲで周囲に迷惑をかける高飛車な薔薇の女の子がかまどの中で燃やされてしまう「薔薇嬢」（第一巻第二一号、明治二八年）や、親の言いつけを守らずに庭で遊んだ少女が池に落ちて足が不自由になる「達磨さん」（第二巻第二〇号、明治二九年）など、少女欄には従順ではない少女がひどい目に遭う読み物が多い。

中山白峰「おきやん」（第二巻第二三号、明治二九年）は、タイトルからおてんば少女が大活躍する話かと想像するが、さにあらず。主人公のお板はみなりにかまわず「お尻の用心、小用心」と女の子の着物をめくったり、小さい子のものを取ろうとするやんちゃ小僧の女版で、周囲に嫌われている。男の子の鬼ごっこにまぜてもらおうと声をかけても、「女の癖に僕等と遊ばうなんて、生意気な奴だなあ。こんな旋毛曲《つむじ》の、おたんちんを入れうもんなら、僕等の顔に関はらうね。ねえ二郎さん」「皆して撲《ぶ》つて遣らうぢやないか、僕ァそんな奴を撲《は》倒《り》すのが大好さ。四郎さん、代りに撲つぞ。可いだらうね」とポカポカ殴られてしまう。泣いても「貴様見たいな、お転婆の、ぞんざい者の、女らしくもない行儀作法を知らぬやつは、僕が撲つんぢや無くて、自分で握拳の傍へ来るんぢやないか」と言い捨てられる始末。日頃の行いが悪いため、大人も助けてくれない。ここで作者の教訓が入る。

其処を見ても、女は、行儀よく、控目にして、萬事内端で居なければならないかと思はれます。

お板が改心したり好かれたりする記述は最後までなく、家計を助けるという名目で娼妓になって死ぬという、どこまでも陰惨な話である。少女が救われないのはいいとして、「この動物《けだもの》は、悪病に取着かれて、死んだとやら。殺されたとやら」という締めの文章から匂いだつおてんば少女への嫌悪がすさまじい。現代のわれわれは「おてんば」という言葉になんとなく好もしいイメージを抱くが、当時はそこまで憎まれていたのだろうか。

おてんば少女が娼妓になる小説といえば、樋口一葉『たけくらべ』が有名だ。『たけくらべ』の発表は「おきやん」のわずか八か月前で、媒体も同じ博文館の雑誌だった（『文芸倶楽部』第二巻第五号、明治二九年）から、なんらかの影響があったとしても不思議ではない。『たけくらべ』のほうでもヒロインは「お俠《きやん》」と呼ばれているが、近所の人々が「女らしう温順しう成つたと褒めるもあれば折角の面白い子を種なしにしたと誹るもあり」と噂するくだりがある。おてんば少女を面白がる庶民も普通にいたのである。

同時代の名作『たけくらべ』で美しくはかない存在として描かれたおてんば少女は、『少年世界』ではモンスターのように扱われる。「冒険」や「やんちゃ」を、「日本人」の「少年」らしさとしてもてはやすためには、少女はそれらとは正反対のおとなしく控えめな存在でなければならなかったのだ。

少女欄には詩も掲載された。

「少女《をとめ》のつとめ」

少女《をとめ》のつとめ数あれど

父母の看護《みとり》と裁縫《ぬひはり》と
厨《くりや》の業とよみかきと
いづれか丶れぬつとめにて
四《よ》つのつとめに長けてこそ
まことの少女《をとめ》といふべけれ

（『少年世界』第一巻第二一号、明治二八年）

少女向けの詩と言っても、昭和の少女向けポエム誌のような夢見がち要素は皆無である。少女らしさとは親や世間に服従して家の中の仕事に努めることで、かわいいものを愛でたり、夢を描いたり、おしゃれをしたりすることではなかった。

猫をテーマにしたエッセイ「にゃアにゃア」（第二巻第九号、明治二九年）も、タイトルこそほのぼのしているが、猫のかわいさには一切触れていない。猫の皮は三味線やエリマキに使えると、もっぱら猫の死後の活用法に終始している。「むやみに喰ひつきたり、引掻きむしる猫は、殺してもかまひませぬ」……少女の命が軽い同欄では、猫の命も軽かった。猫好き少女はこれを読んでどう思ったのだろうか。

明治三〇年になって「少女」欄が消えて「少女小説」「少女お伽噺」に変わっても、おしゃれをした少女が友達に嘲笑されるような希望のないお話が続く。少女が主体的に動いた罰として鬱エンドが待ち受けている説教がましいお話が多かったせいか、同誌の少女小説の人気は振るわなかったようだ。

「従順さもなくば死」と脅す説教小説が少女に不人気なのは当然として、「少女向け読み物よりもっと漂流記や探検記などの雄壮な読み物を載せてほしい」と男子読者からクレームが寄せられることもあった。弱く内向的であることを少女に強いる少女欄は、他のページの冒険譚や英雄物語のようにスカッとする要素は皆無だから、少年にとっても邪魔でしかなかったのだろう。明治三三年以降、『少年世界』から少女小説がほぼ消えてしまう。

過激なまでに従順と貞淑を求められる「少女」と、やんちゃに冒険して出世や軍人を目指す「少年」が切り分けられたことで、「少年」を冠した雑誌類は男子向けに特化していき、冒険やバトル、立身出世物語が誌面をにぎわせるようになっていったのだった。

婦徳から「愛され」道徳へ

『少女世界』創刊

一八九九（明治三二）年、中等教育を受けた男子にふさわしい良妻賢母を育成するという名目で、高等女学校令が発布された。読み書きを身に付けた女子が急増したことで、少女雑誌の創刊ラッシュが始まる。『少年世界』の「少女」欄も、一九〇六（明治三九）年に少女雑誌『少女世界』として独立することになった。

『少年世界』の少女読者たちの歓迎ぶりは、創刊号からある投稿欄「談話室」からもうかがえる。

少女世界は面白い有益な雑誌で私ほんに嬉しくつて仕方がありませんのですが一つお願ひ申したい事がありますす何卒少年世界の様に少女新聞や少し男らしい冒険談や史談を毎號のせて下さいますまいか何卒何卒お願ひ申上ます（陸前松子）（第一巻第二号）

記者様私今まで少年世界を愛読して居りましたが男ばかりだからほんたうにつまらなかつたわ而し少女世界が私共の為に出るのですつて私ほんとにうれしい事よすぐによんで見ましたら面白く又ためになる事がらばつかりあつてよ（弘前在府町三上のぶ子）（第一巻第二号）

かくも歓迎された『少女世界』だが、創刊号の誌面の多くを占める読み物は、巌谷小波のお伽噺「三人姉妹」を筆頭に、少女の孝行物語がメインである。論説も「何によらずお母様の有仰る事をきいて、仮初にも我儘な心など出しては成りません。お母様の有仰る事は、少しも間違のない處ですから、よくよく教へを守り、一から十までおたよりなさるのが、宜しいのです」（「女子の修養」）と従順一択の内容で、相変わらず説教くさい。

その中で目を引くのが、九歳で単独富士登山した少女・吉弘政子のインタビュー記事「乙女の富士登山」だ。男性記者に将来の夢を聞かれた政子は「ハイ、弁護士になります！」と堂々とした受け答えを見せる。「だつて、是迄は女といへば、佶《きつ》と男に敗けるものと極つて居ますから、私は女で男を敗けさせたいのです！」

従来の婦徳からすれば「生意気」とコテンパンにされかねないが、男性記者は「天晴我が日本婦人を代表する程のえらい人になられんのを、私は神に佛に祈るより他はありません」と好意的にとらえている。文学青年が頭の中でこしらえたおてんば少女ではない生身のおてんば少女は、おじさんたちをつい笑顔にしてしまうような魅力にあふれていたのだろう。女学生の増加と日露戦争後の時流の中で、日本婦人も西洋婦人に負けない強さを持ってほしいという期待が生まれつつあったのかもしれない。
読み物の説教臭さはともかく、造花の作り方やイラストの描き方、編み物、理科読物、少女英語など実用記事が充実していたこと、読者投稿に力をいれていたことから、『少女世界』は先行するお勉強系少女雑誌『少女界』（明治三五年創刊）を追い抜いて、トップ少女雑誌となった。

暴れ冒険作家・押川春浪が少女人気を独り占め

特に面白いのは、当時の少女の価値観がダイレクトに反映された「談話室」だ。読み物人気が薄い中で、なぜか一人だけやたらと言及される作家がいるのである。

押川春浪様の冒険談大好よ記者様毎号かゝさず出して下さい夫からお伽噺なるたけ沢山のせて下さいお願ひ申します（刀水の畔光子）（第一巻第三号）

ほんとうに少女世界は、よい雑誌ね。私の殊にすきなのは、少女英語と小波さんのお伽噺と押川さんの冒険譚よ。皆様は？（深川喜代子）（第二巻第一号）

記者様、どうぞ少年世界のやうに、ローマ字のお伽噺や少女新聞を出して下さい。それから押川春浪様の少女冒険譚、本当に面白うございましたわ、これからもあんなのを、ね（大阪、米子）（第二巻第三号）

私は押川さんの冒険談が大好きよ、だから次号が待遠しくてならないわ。そしてね記者様、少年世界のやうに、本誌にも少女新聞や新遊戯を出して頂戴な、おねがひよ（土佐、孝子）（第二巻第五号）

押川先生の女俠姫、ほんとに面白いわ、あの画を、市川先生か宮川先生にかいていたゞいたら、どんなによいでしょー。皆様はそー思はなくつて（第二巻第七号）

美濃の熟読生さん私もあなたと同感よ。リミニー姫がたすけられたのでほんとによかつたワ子私安心しましたのよ。春浪先生どうぞこの次には面白いのをね、おたのみ申しますワ（弘前、シン子）（第二巻第一三号）

美濃の熟読生様、私もあなたと御同感よ、ほんとに、浪子姫の様な方に、あひたいわね。そして末期の地の険を冒して探るのまあどんなに愉快でせう！！それにしても押川先生は、よくもあの様に面白い冒険談が、おかゝれなさいますのねえ。一度は、ど

うぞして御目にかゝりたいわ（札幌、たま子）（第二巻第一五号）

蕨市の野菊様のおつしやる通り、私も勇壮なる探検談大好きよ　押川先生の「露子の旅行」あんなの私大すきです、どうぞ次を早く出して下さいな（茨城の節子）（第三巻第一二号）

巌谷小波のお伽噺ブームにも陰りが見え始めた明治四〇年代、少女人気を独り占めしていたのは押川春浪《しゅんろう》だった。さぞ少女の心がわかるなよやかな文学青年なのだろうと思いきや、その生きざまはとんでもなく破天荒である。

勉強よりも野球に熱中するスポーツ少年だった押川春浪は、明治学院を落第して東北学院に転校する。しかし校風が合わず、教室のストーブで教師の飼い犬を煮込んだり、授業中に同級生のロン毛に石油をかけて放火したりのヤンチャ行為で放校されてしまう。その後も大乱闘を繰り広げるなどして二つの学校を中途退学し、一九歳で東京専門学校（現・早稲田大学）へ進学する。いったんは英文科に入るが「文学なんかは屁の如し」と政治科に転学し、ここでも暴れ馬で乗りつけて交番を壊したり、押入れでウンコしたりのバンカラ活動に明け暮れる。大学でユゴーやデュマの長編小説に出会ったことが人生の転機となった。自分もこのような勇壮な物語を書きたいと、処女作を巌谷小波のもとに持ち込む。わんぱく主義の巌谷小波はもちろん気に入り、すぐに出版の便宜をはかった。

こうして生まれた科学軍事冒険小説『海島冒険奇譚　海底軍艦』（明治三三年）は、日本最初のＳＦ小説といわれている。謎の失踪をとげた海軍大佐、絶海の孤島に浮かぶ秘密海軍基地、特殊化学薬品一二種を組み合わせて動くドリル付き潜水艦〝電光艇〟、謎の海賊軍……『海島冒険奇譚　海底軍艦』は、明治時代の小説でありながら戦後のロボットアニメにも通じるハチャメチャな要素がてんこもりだ。それが押川春浪という破天荒作家の持ち味だった。

遺稿「吾輩が初めて金を儲けた時（『海底軍艦』を書いて四十円頂戴）」で、「痴情小説、淫猥詩歌、泣文学などは、国民を堕落せしめ、青年子弟を誤り、国家に大害を流すものであると酷《ひど》く悪《に》くんで居つた」と語っていた春浪は、文学青年とは真逆のマッチョ青年である。道徳など洟《はな》もひっかけないアナーキーな暴れん坊だったからこそ、メカ・バトル・謎という少年の欲望をストレートに喚起する現代的なエンタメ小説が書けたのかもしれない。日露戦争開戦を控えた社会状況もあって、ナショナリズムを煽る春浪の小説は売れに売れ、科学軍事冒険小説という一大ジャンルを築いた。

どう見ても少女雑誌には似つかわしくない押川春浪だが、『少女世界』創刊当時の主筆が巌谷小波だったので、おそらくそのつながりで依頼されたのだろう。第一巻第二号「少女冒険譚」で初登場したときの書き出しも、無理やり書かされた感まるだしである。

何か少女に関する冒険譚をやれと云はれる、之れには頗る閉口しました、元来女は温和しいのが天性で、好んで冒険などをすべきものでは無い、餘り飛んだり跳ねたりなどすると、お転婆などゝ云ふ可笑な綽名を頂戴する、然し女でも、この波風荒き世の中に生活して居る以上は、何時如何なる危難が起つて来るかも知れぬ、（…）何も好んで冒険する必要はないが、いざと云ふ場合には、戦争でも冒険でもする丈けの勇気を持つて居つて貰ひたい。

（押川春浪「少女冒険譚（一）船長の娘」／『少女世界』第一巻第二号、明治三九年）

こんな口上で始まった少女冒険小説第一弾は、船長の父親と一緒に船に乗り込んだ一二歳の少女・雪子が、暴風雨で見知らぬ島に流れ着き、野蛮人にとらえられた父と水夫長を村ごと焼き払って救出するという筋書きだ（三回連載）。従順な「家の娘」を理想像とする教訓小説ばかりの少女雑誌に、いきなり「村ごと焼き払う系女子」の爆誕である。明治の少女読者は、さぞや痛快だったことだろう。押川春浪からすれば、「女にドリル付き潜水艦はいかん、おしとやかに放火ですませよう」ぐらいの感覚だったかもしれないが。

押川春浪はその後も、馬に乗った男装の美女・浪子姫が世界を股にかけて活躍する「女俠姫」、父王に媚びないお姫様がお城を追い出されて旅に出る「三人姫君」、美少女二人の冒険小説「人形の奇遇」などを連載し、いずれも好評を博した。少女とバンカラの相性の良さが意外だが、実はデビュー作『海島冒険奇譚 海底軍艦』に、少年の可憐な容姿を若松賤子訳『小公子』の主人公の美少年に喩える描写がある。もともと少女と親和性の高い美意識の持ち主だったのだろう。イエ制度に抑圧されていた少女読者と儒教道徳に息苦しさを感じていたバンカラ青年は、既存の権威や道徳をものともしない強く美しい孤高の存在へのあこがれという一点で通じ合っていたのかもしれない。

押川春浪人気の影響で、『少女世界』は他の作家による少女冒険小説もみられるようになる。しかし世間的には、少女雑誌に冒険小説が掲載される事自体が批判の対象となった。

「皆様、或る雑誌を見ましたら、少女に冒険談は不必要ですと書いてありましたが、私驚きましたワ。まるで天保時代の老人のやうなお考へねえ。かう申しちや失礼ですが、少女世界に面白い冒険談があるからツて、そんなに目の敵のやうに悪口を言はなくツても好いと思ふわ、皆様はどうお考へ遊ばして?（札幌・不思議女）」

（『少女世界』第三巻第一五号、明治四一年）

残念ながら当時の風潮もあって少女小説の主流にはなりえなかったが、日本で少女人気を最初に獲得した少女小説のジャンルは冒険小説だった。女性の自由な外出もままならなかったイエ制度のもとでは、馬に乗って幽霊城で戦う男装の麗人などという新しすぎるヒロイン像は受け入れがたかったのかもしれない。

「愛され」道徳の誕生

大人にとって望ましい少女像とは、たとえば『少女世界』創刊号の三輪田真佐子の論説「少女時代」に現れている。

父母の命令に従ふとは女徳の基であります。亦少女は愛らしきを以て妙と致します、即ち心の愛らしきを尊びます。であるから家庭に於て父母より愛せられ亦兄弟姉妹相《あひ》互《たがひ》に愛する和気藹々の空気中に育ちたる少女は最も幸福であります、蓋し之は自ら一人幸福なるのみならず、斯《かか》る境遇に成長せし少女は、友人にも他人にも社会一般にも能く當ることが出来ます。要するに少女は愛らしき動作あると共につねに快活なる動作あるを望まねばなりません、

三輪田真佐子は、三輪田女学校を開校し、良妻賢母教育の普及に努めた女子教育家だ。その思想は儒学ベースの「国家主義的良妻賢母」だが、女性の書き手らしく、「従順さもなくば死」と少女を脅していた旧来の婦徳に女性自身の欲望を吹き込んだ。「愛されたい」だ。

この時点での「愛され」の対象は男性ではなく家族であり、容姿ではなく内心と動作を

縛る規範だった。しかしイエ制度の維持と少女の欲望を同時に満たす「愛され」は、少女文化の中で次第に拡大していく。

『少女世界』は創刊の翌年、初代の巌谷小波に代わって沼田笠峰が主筆を担当する。沼田笠峰は教育者を志し、巌谷小波を慕って博文館に入社した人物で、当時は二〇代半ばの若者だった。読者の少女とさほど年の変わらない彼は、巻末でこんなアツい意気込みを語っている。

> 少女諸君《みなさん》！　昔から少女は、世にも愛らしいものとして、詩や歌などにも、しばしば歌はれて居るのであります。
>
> （…）なぜ、斯やうに少女は愛らしいのでせうか？　これは、先達て巌谷先生がお述べになりましたやうに、『愛の光』がひらめいて居るからであります。少女自身に、愛の心があるので、自然外からも愛らしく見えるのであります。
>
> 併し皆さん、愛は殊更に拵へられるものではありません。いくら愛らしく見せたい！と思ひましても、顔や姿ばかりで、俄かに愛が出来るのではありません。『どうぞ、私を可愛がつて頂戴！』と言ひましても、人は却つて嫌がります。それならば、愛らしくするには、どうすれば宜しいのでせうか。
>
> （…）世の中には、顔にお化粧をしたり、立派な衣服《きもの》を身に纏うたりして、それで愛らしく見える、と思つていらツしやるお方があるやうです。また、いやにハイカラぶ

り、道路をあるくにもシヤナリシヤナリと、様子を作つて、よろこぶ人もあります。併し、まことの愛は、決してそんな軽薄なものではありません。それかと言つて、子供の癖に、大人のやうな言葉づかひをしたり、みだりに高ぶツたりするのも、また愛らしい少女と言ふことが、出来ないのです。それで、私が思ひますには、少女らしくして居るものこそ、真に愛らしいのである、と。(…)

少女諸君!『少女らしくない』といふことは、右に述べた所で分りましたらう。されば、皆さんは、赤ん坊らしくもなく、また大人らしくもなく、どこまでも少女のやさしい、あどけない、ハキハキした心を失はずして、至るところで、愛せられるやうにならねばなりませんよ。

(「少女教室」/『少女世界』第二巻第三号、明治四〇年)

家の中で従順に務めを果たす存在から、鑑賞され、かわいがられる対象へ。少女が女学生という形で外に出るようになったことで、その規範も移り変わっているのがわかる。愛されるようにふるまいなさい、しかし愛されようなどという自意識はもたずに無垢なままでいなさい。現代にも通じるややこしい願望が、明治の少女たちにふりかかってきたのである。しかし少女としても、軍人になれない女は家の中にこもって裁縫をしろと強制されるよりは、君たちは愛らしいのだから「至るところで」つまり家の外で「愛せられる」ようにかわいくしててね、というメッセージのほうが受け入れやすかっただろう。沼田笠峰は読者欄でも「沼田の叔父ちやま」などと呼ばれるほど、少女の庇護者として信頼を獲得した。

若かった沼田笠峰は、『青鞜』の社員にもなったフェミニストの妻・沼田ふく（『少女世界』での筆名は松井百合子）と二人三脚で、「良妻賢母」に止まらない女子教育に取り組む。女性の学問とキャリアを特集した『少女世界』「少女と立志」（第三巻第二号増刊）でも、「女だからとて、何も男子に負けて居るには及ばないのです」「併し今後の女子は、どうしてどうして、學問をせずに居られませうぞ」と少女の立志を鼓舞しながら、やはり「愛らしく」あれと説く。

少女の世界だからとて、ナニもお転婆になれとは申しません。威張つてもよいとは言ひません。高ぶるものは憎まれ、威張るものは斥けられるのです。少女は何処までも愛らしく、やさしく、従順でなければなりません。すでに愛と美を備へた少女は、更に進んで、力を養はなくてはなりません。

（「少女の世界」／『少女世界』第三巻第二号、明治四一年）

『愛されながら仕事も恋も成功する方法』『可愛いままで年収一〇〇〇万円』といった現代の女性向け自己啓発本のタイトルが頭をかすめる。実際に同特集で女性の職業として挙げられているのは、学校教師、保母、女医、産婆、看護婦、音楽教師と割烹教師、裁縫教師と手工教師、文学家と画家、写真師と速記者、銀行員と商店員、茶道教師と生花教師である（「少女の職業」）。確かに「愛され」が必要そうな対人サービス系（または芸術系）職種ばかりだ。

これまでは教育を受けた女性の職業は教師以外には想定されていなかったから、社会に出て愛と美と力を兼ね備えよというメッセージは、少女冒険小説に熱中していた少女をも奮い立たせたに違いない。冒険が社会的に許されない女の子が、それでも主体性を手放さないための武器として、「愛され」は少女規範に組み込まれていった。

少女友愛《エス》小説のはじまり

ただ、男性目線の「愛され」が称揚されても、少女雑誌に恋愛小説を掲載するわけにはいかなかった。明治四〇年代になっても相変わらず、女学生が小説を読んで恋愛に憧れることが危惧されていた。東京府立第一高等女学校では、生徒に読ませるべきではない読み物の第一に「男女の関係を記したる人情小説」を挙げていたという（稲垣恭子『女学校と女学生――教養・たしなみ・モダン文化』）。

当時の教育者たちは、小説、とくに恋愛小説を学生風紀の乱れの原因とみていた。子供を立派な日本国民に育てる賢い母を育成したいのに、小説を読んで個人主義に目覚め、恋愛に走られては元も子もない。意に染まぬ相手と結婚させられたからといって、駆け落ちなどをされては一族破滅もありえた時代でもあった。少女雑誌が恋愛を扱ったら最後、購読を禁止されかねない。

そこで沼田笠峰は、少女同士の友愛を描く小説を自ら執筆するようになる。明治四二年一月に沼田笠峰が『少女世界』に発表した「心の姉」は、少女友愛小説の嚆矢とされている。ストーリーは、女中として働く一四歳の少女・お春が、お使い中に見た憧れの美しいお嬢様と親しくなり、「ねえ春さん、あなたばかりが、独りぽツちぢや無いわ（…）いつまでもいつまでも、死ぬまで親しくしませうね！」「お嬢さん！……あなたは、あなたは私の姉さん！（…）ね、どうぞ、私を妹と思つて……あはれんで、いつまでも可愛がツて頂戴な、ね、ね」と心の姉妹になるというもので、まさに大正から昭和初期にかけて流行したエス（Sisterhood）小説の先駆け的存在といえる。

沼田笠峰は同作を収録した少女友愛小説の短編集『少女小説　姉妹』を出版した際、前書きに「この書物の中にあるお話は」「皆様の心の滋養分になれかしとの考へから、多少の教訓が含ませて」あるため、「小説よりも小話、もしくは訓話と言つた方が適当なのかも知れません」と記した。吉屋信子らによるエス小説の源流ともいうべき少女友愛小説は、男性の女子教育家が少女を望ましい方向に導くために書かれた「訓話」だったことは興味深い。

一九一三（大正二）年一〇月の『少女世界』第八巻第一二号では「愛される少女」という特集も組まれた。恋愛結婚は無理でも、兄の友人に見初められて求婚される事例が中上流階級では珍しくなくなりつつあった時代である。モテる、つまり複数人に愛されれば、女子が相手を選ぶことも、それによる階級上昇も夢ではない。「愛され」は、良妻賢母教育と少女自身の欲望がミックスした形で、少女らしさの規範として定着する。

こうして明治末期以降の少女雑誌は、そろって「愛され」に舵を切る。読み物も、たおやかな美文が好まれるようになった。『少女世界』創刊当初は、「あたくしきんぢよの本やで少女世界かひましたらたいへん面白かつたわあのしらぎくひめつてゆうのつゞけて出してちようだいなもしあれでおしまいならつまらないわあたしねえことしは八つになつたのいろいろだしてもいゝことあらみいやみたいなねこがきたわ」（第一巻第二号、明治三九年）と手紙の途中で猫が乱入してくるほど自由だった読者投稿文も、抒情的な美文に変化していく。

少女小説の大家である吉屋信子も、少女時代に沼田笠峰が担当する『少女世界』投稿欄で美文を磨いた一人だ。彼女は同誌の投稿文について、次のように振り返っている。「また、おかしな事に、その当時の投書作文の美文口調に、（ふと空を見上ぐれば、夕月仄かに――ゆえもなく泪さしぐまれて……）というスタイルの文章が風靡致しまして、誰の書く文章も、むやみと、空を見上げて、夕月だの、夕星《ゆうずつ》だの、夕雲だのを眺めて、盛んに訳もなく泪ぐんでいたようでございます」（「投書時代」／『日本の名随筆　別巻86　少女』所収）。美しい女性同士の友愛物語をはかなくロマンチックに描いて一世を風靡した連作集『花物語』の文体のルーツは、『少女世界』の投稿欄にあったのだろうか。

少年雑誌がバトル・冒険物語で強くたくましい少年像を提示すれば、少女雑誌はロマンチックな愛され物語で美しく受動的な少女像を理想化する。

立身出世と良妻賢母という国民道徳と少年少女の欲望がからみあい、日本における少年文化と少女文化ははっきり区分けされ、全く異なる形で進化していくことになった。

文学で「堕落」した若者たち
——自我のめざめと修身

『石狩少女』——文学少女が不道徳だった時代の物語

創刊当時から大正三、四年頃までトップ少女雑誌だった『少女世界』は、文学少女のサロンにもなっていた。主筆の沼田笠峰を慕って自宅を訪れた愛読者たちに、沼田夫妻は快く自宅の蔵書を開放し、ときに相談相手になる。やがてそれは、「少女読書会」と呼ばれるサークルへと発展していくことになった。そこから生まれた著名人の一人が、随筆家の森田たまだ。森田たまは、文通を通じて知り合った少女読書会の仲間と会うために札幌から上京し、小説を発表するようになる。

森田たまの札幌での少女時代を描いた自伝的小説『石狩少女』（昭和一五年）は、『少女世界』に作文を投稿するような当時の「読書する少女」がいかに不道徳的な存在にみられていたかが描かれている。ヒロインの悠紀子は、「大人の読むような書物を読みこなす」早熟で生真面目な少女だ。女学校に入るのは良妻賢母になる修養を積むためだと教えられるが、そんなものになる気はさらさらない。女学校の入学試験で、将来学問で身を立てたいので女学校を飛ばして大学に入りたいと正直に書く彼女は、母や姉に疎まれ、周囲からも浮き気味だ。

　悠紀子は少女雑誌の作文投稿欄で何度も賞を獲る文才の持ち主だが、当時の少女雑誌の投稿欄は、女性名で少女を騙して文通やあいびきを図ろうとする男子学生の絶好の狩猟場でもあった（『少女世界』の投稿欄にも、常連投稿者が男性であることを暴く告発がひんぱんに掲載されている）。文通希望の手紙の送り主が男と知った悠紀子はすぐ拒絶したが、徳冨蘆花の『不如帰《ほととぎす》』に入れ込む小説好きの学友・けい子はのぼせあがる。徳冨蘆花は当時、難病純愛小説『不如帰』などで女学生に絶大な人気を誇っていた流行作家だ。つまりけい子は文学少女というよりは、セカチュー的な純愛に憧れるミーハー女学生という位置づけである。

　男と手紙を交わしたことが発覚したけい子は教師に叱責され、学校中の噂と陰口の的となる。けい子は男とのやりとりをやめるが、怒った男はけい子の手紙を新聞社に持ち込むという暴挙に出る。かくて『不如帰』の悲恋のヒロインになりきって書いたラブレター六通が、「女学生の手紙」というタイトルで新聞に掲載され、けい子は退学に追い込まれる顚末となった。有名人の不倫ＬＩＮＥではあるまいし、一般人である女学生のラブレターが新聞に一字一句載るなんて、当時の「小説で恋愛にかぶれた女学生」への風当たりの強さがどれほどひどかったかがわかる。

　対して悠紀子は、ツルゲーネフを愛読し、国木田独歩の死に涙する孤高の文学少女である。独歩は「野蛮？　野蛮なら何だ。我は野蛮を愛す。世に尽すべき義務とや、人は独立不羈の生活、平和満足而《しか》して自由の生活を営むべき権利を有して居るのだ。自《みづ》から欺いて倫理学とかいふ奴隷の信条を招牌《かんばん》とすべき義務はない！」（「帰去来」）と熱く登場人物に語らせるほど道徳や立身出世主義に懐疑的な作風で、そんな作家を愛する悠紀子は、良妻賢母道徳を疑わない姉とは会話がかみ合わない。「姉さんはまるで修身の教科書のようだわ」という悠紀子に、姉はこう返す。

「それが一ばん正しいんじゃありませんか。悠紀ちゃんみたいに文学かぶれをして、自殺した青年がどうとか、煩悶が何とかいうのは立派な不良少女よ」

エリート男子の自殺から始まった「煩悶」ブーム

まじめに勉学に励む文学少女が不良呼ばわりされるのには、ある社会的な背景があった。明治三〇年代後半からの「煩悶」ブームだ。

きっかけとなったのは、一九〇三（明治三六）年に起きた一六歳の青年・藤村操の投身自殺である。旧制一高の男子学生という、明治社会で最も恵まれた層である青年が哲学的な遺書を残して自殺したこの事件は、メディアでセンセーショナルに取り扱われた。藤村操の死からわずか五年の間に、自殺現場である華厳の滝では四〇人の自殺者と六七人の自殺未遂者が出る。藤村操の遺書に「煩悶」という言葉があったことから、影響を受けた若者たちは「煩悶青年」と呼ばれるようになる。

「青年」の「煩悶」は社会問題となり、煩悶の原因として、文学もとばっちりを食らうことになる。当時の風潮を、文芸評論家の長谷川天渓はこう記している（木村洋「自然主義と道徳――正宗白鳥の初期作品をめぐって」）。

四五年此の方、学生風紀問題の絶えたることなし。殊に近頃に至りては、呼び声囂々として聾せむばかり也。不良学生、堕落女学生等を取締るべし、卑猥なる書籍を読ましむること勿れ、小説購読を禁ぜよ、曰はく何々と

（「狗尾続貂」／『太陽』一二巻一一号、明治三九年八月）

女子教育者の嘉悦孝子が津川梅村と共著で出版した主婦向け修養書『主婦の修養』（明治四〇年）では、「煩悶」する女学生の「最も猛烈なる誘惑」として小説を挙げた。

其誘惑物は何か、小説です神聖なる文芸界より駆逐すべき、下劣なる小説であります。（…）不健全なる妄想、煩悶より小説に行きつゝある彼等の前途は、やがて女子教育の効果を無に帰せしめるのでありますまいか。如何に学校にて良妻賢母の教へをうけたりとて、家にかへりて、直ちに此悪趣味に感化されつゝあるに至つては、その教が何の役

にたちませうぞ。

帝国大学（現・東京大学）の第二代総長を務めた加藤弘之は、「近来種々文学的、哲学的とでも云ふべきやうなる雑誌や書籍の盛んに刊行せらるゝは、其一因なるべし」と、若者の煩悶は抽象的な文学書・哲学書を読んで人間を高く買いかぶりすぎたせいだとし、人類は「下等生物の子孫」なのだから、人生がわからぬといって心配することはないとざっくり慰めた。（伊藤銀月『現代青年論』明治四〇年）

一人で黙読する若者への不安

煩悶ブーム以前にやり玉に挙げられていた小説は「或は不徳、或は不倫、或は愚痴、或は残忍、又或は猥褻の表現」を用いて「鍛錬なき脳髄を有する生徒」を感化し、「殺伐、淫猥、不正、邪知等あらゆる悪事」を増加させる「文学としては価値乏」しい小説だった（久津見蕨村『教育時代観』明治三一年）。善悪の判断ができない愚かな年少者が低俗な小説の内容に影響されてしまう、という観点からの批判である。

しかし煩悶ブームのさなかでは、高踏的な文学書・哲学書も有害視された。『石狩少女』のヒロインは、その文学趣味が余人に理解しがたい高踏的なものであったために不良呼ばわりされ、母と姉から敬遠されていたのである。

前田愛は『近代読者の成立』の中で、こうした忌避感情が生まれた原因を、明治中期以降に広まった黙読習慣にあると分析している。「小説自体の影響力とはべつに、小説とともにひとりの世界に閉じこもることが、ハーンの言うような家庭全体の連帯感を疎外する行為を意味したためではあるまいか」。

かつての読書の楽しみとは、家長が『南総里見八犬伝』などの娯楽小説を読み上げるのを家族全員で耳を傾けたり、母や祖母が子供に草双紙の絵解きを聞かせたりと、家族でわかちあうものだった。しかし明治三〇年代から中等教育が全国的に整備されて識字率が向上し、出版点数が増える中で、若者たちは共同体から離れて、一人で好きな本を心ゆくまで堪能できるようになる。それは大人たちが教える伝統的な規範に抗い、個人としてものを考える「内的志向型の人間」を多数産み出すことになった。いわゆる「自我の目覚め」である。

『石狩少女』の悠紀子の母は、「自分の子でありながらまるで気が知れない」「あの子はあたしが無学だと思つて軽蔑してるんだよ」と娘をけむたがる。伝統社会を生きてきた大人からすれば、新時代の書物を読む若者は何を考えているのかわからない、不安を誘う存在だった。ゲームやスマホ、ネットに興じる現代の子供が保守的な教育者から嫌がられる理屈とそう変わらない。年少者・女の一人遊びは、とくにそれが新興メディアである場合に、共同体を支配したい権力者からおぞましいものと映る。個人主義を忌み嫌う現代の保守主義者が、最新の人気児童書をそろえることよりも学級集団を対象とした大人による読み聞かせにこだわるのも、おそらく同種の理由によるものだろう。

成績優良不良少女が愛される理由

『石狩少女』の悠紀子は周囲との軋轢に疲れ、「自分は誰からも愛される草花のような女にはならなくともよい、むしろ誰からも離れて、たった一本、山の頂きに咲いている桜の花のような女になろう」と、「愛され」規範を捨てる決意をする。ところが大人が押し付ける良妻賢母道徳や、メディアが煽る「愛され」規範を信じるどの女性よりも、プレイボーイの帝大生、近所の美少年、女学校の英語教師、田舎の文学少年等々、並み居る男性たちからヒロインが「愛され」てしまうのだから面白い（逆ハーレム！）。

勉学と読書によって自我を確立した文学少女は、社会的には「不道徳」「不良」「堕落女学生」と後ろ指を指されかねない存在だった。しかし「立身出世や軍人を目指して刻苦勉励し競争せよ」という国家主義的な道徳を疑い始めた煩悶青年の目には、自我を持った女性たちは息苦しい近代社会を一緒に抜け出して美しい世界を夢見られる魅力的な存在として映ったのではないだろうか。恋愛はいつだって不道徳と仲良しなのだ。

ラブソングを歌う堕落学生

煩悶ブーム以前にも、学生の堕落は明治三〇年代前半から問題視されていた。当時の知識人（志村作太郎、岩崎英重）によるエッセイ集『消閑漫録』（明治三一年）の「学生の堕落」では、堕落学生が次のように語られる。

ひと昔前の学生は「意気凜として気骨あり、腕力あり、堅忍」で、身だしなみにうつつをぬかすことなく「美少年に狂する」ぐらいのものだったが、今どきの学生は「壮士役者を学び」「娼婦に献身し」、まるで「髭の生へしお姫様」だ。「甚しきに至つては街頭親泣かせ声を恥かしくもなく張り上げて月琴尺八と和調せるホーカイ節を唄ふ」。その声を立身出世を望む故郷の両親が聞いたら気絶するだろう。学生それぞれが自らを矯正しなければ、「親を殺し、併せて身をも滅すに至らん、ア、是れに止らず学生の堕落は亡国の一因子に非ざる乎」

学生が歌っただけで親を殺したり国を亡ぼしたりする「ホーカイ節」とは何なのだろうか。以下は明治四一年刊行『歌曲全集』（由盛閣）の「ホーカイ節」の項目からの抜粋である。

憎いねと云ふのは可愛ひ謎でもあるか思ひあり気《げ》の抓《つね》りようホーカイ
涼みこそほンの附《つけ》たりおまへの顔が見たい計《ばか》りの蛍狩《ほたるがり》ホーカイ
並んだるはでな姿につい迷はされ知らず廓《くるは》の仇桜《あだざくら》ホーカイ
親類や親の意見で諦めらりよか命と書いたる入黒子《いればくろ》ホーカイ

意見されおもひ切らふと思ふて見れど思《おもひ》やる程思はれるホーカイ
恋といふ一字に心を奪はれてうつかり忘れる義理の二字ホーカイ

「ホーカイ」を「Hold me tight（ホーミタイ）」に変えたらロックバンドの歌詞みたい、とは言い過ぎかもしれないが、要はラブソングである。

『日本大百科全書（ニッポニカ）』によると、街中で月琴や胡弓といった楽器を鳴らしながらホーカイ節を歌う若者グループは「法界屋」と呼ばれ、婦女子の憧れの的となっていた。一九〇〇（明治三三）年頃には、彼らのあとを追う女子ファンが長い列をなしたことで、風俗問題や交通妨害の問題にまで発展していたという。アマチュアバンドの路上ライブのようなものだろうか。「美少年に狂する」こと、つまり男色は薩摩文化由来の男らしいふるまいとして大目に見られても、「大人たちに反対されてもお前から離れられやしないのさ」とばかりにラブソングを歌いあげることは、国を亡ぼす悪行とみられていたようだ。

コイバナをする女学生は「肉欲の奴隷」

女学生はというと、やはりこちらも「恋愛に憧れること」を堕落とみられていた。汽車の中で盗み聞きした女学生の話から女学生の堕落を憂えているのが、池田錦水『婦人の絶叫』（明治三五年）収録のエッセイ「女学生と堕落」である。

「ラブは神聖なり」「恋は我らの生命《いのち》よ」「男教師の誰は我らのうちの誰を愛せり、誰を甚だひいきにせり、二人の仲怪しむべし」と互いに肩を打ち合わせて冷やかしあう女学生グループを目にした著者は、怒りが止まらない。きっと彼女たちの引き出しの中には男からのラブレターが入っているに違いない、こんないやらしい女学生たちはやがて「色欲界の餓鬼」「肉欲の奴隷」と化し、下宿屋のおばさんとなって田舎出の男子学生を求め歩く「大悪魔」となるに決まってる、と妄想を果てしなくふくらませていく。

女学生の恋愛トークは、巌本善治の「恋愛は神聖なるもの也」（『非恋愛を非とす』明治二四年）を思わせる。彼女たちの「堕落」が西洋文化、それもキリスト教や文学の影響であることは明らかだ。

評論家の正岡芸陽も、女学生が恋愛に憧れて堕落する一番の原因は小説だと断定している。

全体女学生の年頃は、最も外界の事物に動かされ易き時代であるから、一ツ恋愛小説を読めば、直に其の主人公になりたがり、演劇を見れば、其の女主人公《ヒロイン》になつて見やう《ママ》など飛んだ謀反を起すものである、而してこれは学校で聞く修身よりも大なる感化力を有するものである。

淫靡なる小説の青年男女を感化する力は実に盛んなもので、殊に女子に対して大なる勢力を有して居る、而して今の小説なるものは、一として男女の関係を描かぬものはないから燃へ易き青春の血は、直ちに篇中の人物と同化して、瞬く間に全く小説に魔《み》せられて仕舞ふのである。

（正岡芸陽『理想の女学生』明治三六年）

正岡芸陽は、女学生には「将来の日本国民の良妻たり、賢母となつて、第二の国民を生まなければならぬ所の大責任」があるのだから、恋愛をする女学生がごく少数であろうとも社会全体を害すると説く。しかし現状の修身の授業では小説の魅力に太刀打ちできない。彼が推す唯一の処方箋は「其の精神を先づ強固にすること」である。

恋愛による自我の解放

若者が家や共同体に従属するしかなかった時代には、自由がない代わりに、自分が何者であるか、他人とどう差別化するべきか、何をなすべきであるかを悩む必要はなかった。しかし教育を受けて共同体の外側の世界を知った若者は、広い世界の中で自分の存在意義を根拠づける何かが必要になる。

学校や少年少女雑誌を通じて広められた「男は立身出世、女は良妻賢母」という国民道徳を疑うことなく内面化できれば、煩悶はないだろう。しかし心の在り方に踏み込むような規範が広まれば広まるほど、周囲と同化できない青年男女は葛藤を抱えるようになる。国民を機能的な存在としてひとしなみに扱う道徳とは異なる価値観を求めて、彼らは文学や哲学に耽溺した。文学が若者を堕落させたのではない。道徳が内面に踏み込む規範である以上、強い自我を抱えた若者は文学に向かわざるをえなかったのである。文学は若者たちに、自我を解放するロマンチックな恋愛を教えた。

「だから男も女も存在理由を獲得するには恋なんだ」（尾崎翠「アップルパイの午後」昭和四年）

まだ何者にもなれていない若者にとって、恋愛は自我を肯定する一番手っ取り早い方法となった。

恋愛対象を神の代わりに神聖視し、その相手から誰にも代えがたいたった一人の恋愛対象として承認されれば、自分の存在価値を信じることができる。だから学生は「親類や親の意見で諦めらりよか命と書いたる入黒子《いればくろ》ホーカイ」と歌い、女学生は「恋は我等の生命《いのち》よ」とはしゃぐ。大げさではなく、彼らにとっては恋愛が生きる根拠なのだ。小説を禁じたところで、自我の目覚めをとどめることができない。

もちろん文学的恋愛の相手となるような近代的自我を確立した男女は、まだまだ数少なかったし、明治社会では依然として恋愛はタブーだった。自己を根拠づける何かは、修身の教科書も教えてくれない。近代化にあたって西洋のキリスト教に代わる国民を束ねる倫理を必要とした日本は、その機軸を天皇制に求めたが、それは〈私は何者なのか〉の回答を与えるものではなかった。

修身に「自我実現」導入

政府もまた、自我を抑えつけるだけの儒教的な修身教育では、学生の個人主義への傾倒に対応できないと考えていた。日比嘉高「〈自己表象〉誕生の文化史的研究」によると、政府は明治三〇年代から中学の修身教育に西洋系の倫理学の道徳論を組み込もうと試みる。そこで選ばれた学説は、イギリスの哲学者トーマス・グリーンの説く「自我実現説」だった。

グリーンの自我実現説は、自我を否定しない代わりに、自らの人格を陶冶し、本来あるべき自我（絶対我）へ到達するべく（堕落につながる欲望を自己の意思で支配して）努力せよと青年に訴えかけるものだった。儒教道徳とも接続しやすい自我実現説は、個人主義を嫌悪する当時の教育者たちにも受け入れられた。自我実現説は明治三五年の『中学修身教科書』（井上哲次郎）などに掲載されてエリート青年たちを中心に絶大な影響力をふるい、「自我」「自己」「人格」という言葉を日本語に定着させる。

今ある不本意な自分はあるべき自我とは別物で、努力すればすばらしい本当の自我を実現できる、という自我観は、若者を昂揚させる考え方だった。自己啓発本は現代でも大人気だし、女性誌に「自分磨き」はつきものだ。それは社会のありようや自らの資質とは関係なしに、幸福も成功もすべて自分のコントロール下にあるという自己効力感をもたらす。

そうした考えは権力者にとっても都合がいい。「人格を陶冶すれば満足のいく人生になるはずなのだから、自分の不遇を社会や他人のせいにするな」という、現代でもＪ‐ＰＯＰやマンガ・ドラマなどにあふれている価値観を若者や女が内面化してくれれば、いくらでも搾取し放題だからだ。

問題は、キリスト教に基づく神的な「永久意識」の再現を最終目標としたグリーンの自我実現説を日本に移入する際に、キリスト教が置き去りにされたことだ。自己を実現させよと若者たちを煽りながら、その自己の具体的な内容は記さない。それはゴールを取っ払った状態でレースを走らされるようなものだった。「達成されるべき目標が不明瞭なまま、それが『自己の本務』なのだからと、生徒たちはいたずらに『自己』の『拡充』『実現』『発展』へと駆り立てられていたことになる」（日比嘉高「〈自己表象〉誕生の文化史的研究」）。真面目な生徒ほど、「自分探し」に頭を悩ませたことだろう。

第五学年用の『中学修身教科書』第五巻には、国民道徳論の第一人者である井上哲次郎によって、自我実現説が次のように記述されている。

> 人格は、吾人の努力に依りて、無限に進化発展するものにして、又無限の生命を有するものなり。吾人の生理上の生命は、肉体の破滅と共に、雲散霧消して、復痕跡を留めずと雖も、人格は、毫も之が為めに影響を受けず、未来永遠に存続して、窮りなきものなり。
>
> （『中学修身教科書』第五巻第三章「理想論」第四節「実現説」）

人格はとにかく無限で肉体以上にすごいらしいことは伝わるが、これを読んで具体的に何をすればいいのか、わかる人がいるだろうか。しかし井上哲次郎が何を言いたかったのか、教育勅語の準公式解説書『勅語衍義』（明治二四年）の著者であることから推察することはできる。『勅語衍義』で、教育勅語の「一旦緩急アレハ義勇公ニ奉シ」という箇所を、「真正ノ男子ニアリテハ、国家ノ為メニ死スルヨリ愉快ナルコトナカルベキナリ」（真の男子であれば、国家のために死ぬより愉快なことはない）と解説しているのは、ほかならぬ井上哲次郎なのだ。修身の教科書が青年に求めた「人格」が何に奉仕するものであったのかは、言わずもがなであろう。

前述の日比嘉高氏は、「〈自我実現説〉は、青年の煩悶に解答を与えるかに見えて、その実、盲目的な自己発展の欲望のみをもたらしてしまったのかもしれない」と示唆している。若者の堕落を食い止めるための修身教科書が、若者をさらなる煩悶に追い立てたのだから皮肉な話だ。

学生の読書が統制の対象に

山田風太郎『人間臨終図巻』によれば、藤村操の自殺と遺書は「日本ではじめて、人生の意味を求めて自殺した若者」であるゆえに、「その後数十年にわたって、内省的な青年たちに甚大なる感動を与えた」という。

青年たちの煩悶はやむことなく、ついに学生の小説読書が政府の統制の対象になる。一九〇六（明治三九）年に発令された文部省訓令「学生生徒ノ風紀振粛ニ関スル件」によって、「陋劣ノ情態」を描く自然主義小説、そして「危激ノ言論」とされていた社会主義の思想書が「教育上有害」であるとして読んではいけない書物とされた。

近来青年女子ノ間ニ往々意気銷沈シ風紀頽廃セル傾向アルヲ見ルハ本大臣ノ憂慮ニ堪ヘサル所ナリ現ニ修学中ノ者ニシテ或ハ小成ニ安シ奢侈ニ流レ或ハ空想ニ煩悶シテ処世ノ本務ヲ閑却スルモノアリ甚シキハ放縦浮靡ニシテ操行ヲ紊リ恬トシテ恥チサル者ナキニアラス

訓令以降、多くの学校で読書を統制する措置がとられることになる。教員たちの多くも訓令を疑うことなく、進んで生徒たちの読書の禁圧に乗り出した。『少女世界』二代目主筆である沼田笠峰は、『現代少女とその教育』（大正五年）で、当時の女学校内に小説や読書に対する厳しい制約があり、教師による取り調べがあったことを伝えている。

然るに多くの高等女学校では、殆ど皆申し合せたやうに、生徒の読みものについて窮屈極まる制限が設けてある。一例をあげると、教師によつて選定推奨される書物は、平家物語だとか、徒然草だとか、或は花月草紙だとか駿台雑話だとかいふやうな、現代思想とかけ離れた古いものばかりである。

（「生徒の読みもの」）

現今の高等女学校では、どこでも生徒の読み物を取調べてゐるやうであるが、生徒は果して自分の愛読書を正直に発表し得るだらうか。もし彼等が実際に読んだ書物や、読みたいと思ふものを偽らずに列記したら、気の小さい昔風の教師は、事の意外なのに驚倒するかも知れない。或はまた太平記や鳩翁道話を唯一の校外読みものと信じてゐる国語の教師は、現代の少女が耽読して居る新刊書物の中は、その名も知らずに居たものがあるのを一驚を喫することだらう。斯くして古い教育者と新らしい生徒とは、その思想が没交渉になつてゐるのである。

（「蒔かれた種子」）

同書の中で紹介された寄宿舎住まいの女学生の手紙からも、厳しい読書統制の様子がうかがえる。「……少女百話（書名）の中《うち》にある監獄のやうな学校とは、ほんとに私等のがっこうのことではないかと思はれる位でございます。舎則の厳しいのは忍びますけれど、読書の自由を与へられないのは、私に取つて唯一の苦しいことでございます」。

沼田笠峰は教育者を批判し、「何と言つても生徒は読まずには居ないのだから、これを如何に利用すべきか、また如何なるものを撰択して読ましむべきか、といふことを考へなければならない」と、小説の教育利用を訴えた。

第一高等学校長だった新渡戸稲造も、小説には教育上の利点があるから、一概に排斥できないと述べている（「教育と小説（青年男女に小説を読ましむる可否）」／『太陽』一四巻一号、明治四一年一月）。校長であった彼は、生徒たちに修身の授業を聞かせても大して身に入らないことを知っていた。その点、「感情に訴へる」小説なら、修身で感動しない学生たちの情操教育に役立つと考えたのだ。

禁じられれば禁じられるほど、新しいメディアに心を奪われるのが若者というものである。いくら小説読書を規制したところで、若者の自我は解放に向かう一方だった。明治末年頃になると、修身ではいっこうに煩悶がやまない若者に、感情に訴える良書を薦めて正しく導こうという論調もあらわれはじめる。

良書の薦め

明治四四年五月、文部省は通俗教育調査委員会を設置し、大衆を教育するのに好都合な映画や書籍を認定しようとする。同時に設置された文芸委員会は、「文芸の方面から堅実な社会風潮を作興するため、穏健優秀な文芸的著作物の発達を奨励」（文部科学省「学制百年史」）するという目的を持っていたが、両委員会は大正二年に廃止されたため、ほとんど業績はなかったという。両委員会設置時の文部大臣は小松原英太郎で、「一方に於ては青少年をして不健全な図書より遠ざからしむることを怠らざると共に一方には、健全なる読物を奨励し、彼等をして専ら修養に努め、わが国固有の道徳的精神を涵養せしむるのは今日の最大急務である」（『教育論』明治四四年）と口述に記すなど、文部行政の担当者として初めて社会教育を重視した人物である。その政策の一環として、大衆の道徳的精神を涵養する「良書」を揃えた「通俗図書館」が地方に相次いで開設された。あわせて文部省は通俗図書館のために選定した推薦図書リスト「図書館書籍標準目録」を明治四四年より毎年発表するようになった。国民の思想を書物を通じて善導しようという試みは広がっていく。

そこではどんな「良書」が選ばれていたのか。明治四四年の「図書館書籍標準目録」の文学の項目に掲載されているのは古典や翻訳書が主だが、夏目漱石も評論を含め五作品リスト入りしている。大正一一年の目録になると、武者小路実篤、島崎藤村、阿部次郎、芥川龍之介、倉田百三、菊池寛、有島武郎など同時代の文学者が幅広く取り入れられている。このあたりから同時代の文学作品が良書扱いされるようになってきたのだろうか。

それまでほとんど物語が掲載されていなかった尋常小学読本（尋常小学校用の国語の国定教科書）にも、六年制尋常小学校用として改訂された明治四三年度から童話や伝説、神話の類が数多く採用されるようになった。定番の「桃太郎」に加え、「猿蟹合戦」「こぶとりじいさん」「はなさかじいさん」、神話からは「白兎」「あまのいはと」などが教科書入りを果たしている。同年に改訂された国定修身教科書の「編纂趣意書」でも、「修身ノ例話トシテ童話寓話ノ価値ハ教育上議論ノ存スル所ナレドモ、初学年ノ児童ハ寧ロ此ノ種ノ教材ヲ喜ブノ傾向アリ」として、低学年に限っては童話・寓話の採用を認めた。明治三七年の第一期国定修身教科書の「編纂趣意書」には、昔話は「空想ヲ鼓舞シ道徳上不純粋ナル教訓ヲ含ミ虚偽ト事実トヲ混セシムル等ノ欠点アリ」とされ、空想を鼓舞する物語は道徳にはふさわしくないとされていたから、大きな変化である。

恋愛スキャンダルの季節

明治末から大正期にかけては、北原白秋の姦通事件、平塚らいてうと漱石の弟子・森田草平の心中未遂事件、有島武郎の心中事件と、文学者たちが恋愛スキャンダルで新聞雑誌をにぎわせた。娯楽にあふれた現代であっても、ひとたび若い男女が恋愛で盛り上がれば、前前前世から探し始めたり、六〇億分の一の奇跡を起こしたり、世界中を敵に回したり、なにかと壮大になるものだ。まして恋愛の自由のない時代に文学的恋愛に陥ったら、リアルに生死が絡むレベルで盛り上がることは想像にかたくない。世界中は大げさにしても、世間を敵に回すのも夢じゃないのだ。

そんな中、一九二二（大正一一）年に刊行された厨川白村の恋愛論『近代の恋愛観』は、世に恋愛ブームを巻き起こした。厨川白村は「ラヴ・イズ・ベスト」を掲げ、結婚は純愛に基づくべきであると訴えた。明治期の北村透谷も恋愛至上主義を唱えたが、白村には透谷にない新しさがあった。透谷が精神的恋愛は生活に縛られる結婚でダメになってしまうと嘆いたのに対し、白村は恋愛と結婚とを結びつけたのである。実現できるのは都市部知識階層の美男美女だけだったかもしれないが、それゆえに女学生の間で恋愛結婚は憧れの対象となった。

しかし対等な男女による恋愛結婚なら自我を解放できるだろうという女子の夢は、妻に何の権利も与えられない大日本帝国憲法下の結婚ではあえなく潰えることになる。裕福な家庭で母親や下女にかしずかれて育った当時の男性知識人にとっても、互いの自我を尊重する恋愛を継続することは難しかっただろう。恋愛による自我解放に失敗した大正知識人たちは、自己の存在証明を母性幻想に求めることになったが、これについては第二章で詳述しよう。

俗悪バッシングと推薦図書の誕生

忍者ブームを生んだ立川文庫

これまでとりあげてきたような明治期の少年少女雑誌を読んでいたのは、比較的裕福な家庭の子供たちだった。明治末年頃より印刷技術の進化で、大衆が気晴らしに買える価格の廉価本が人気を博すようになる。

その筆頭に挙げられるのが、庶民に愛されていた講談を日常口語でまとめた立川文庫である。一九一一（明治四四）年の創刊時は、必ずしも子供読者を想定して出版されたものではなかったが、強きをくじき弱きを助けるヒーロー像、荒唐無稽で単純明快なストーリーが、それまで読書習慣のなかった大衆の子供たちの心をとらえた。とくに商家に丁稚奉公する少年たちに歓迎されたという。サイズが小さかったので、外で荷物の番をしている間に読めて、商談を終えた番頭が戻ってくればすぐに懐に隠すことができたからだ。

立川文庫と聞いてあまりピンとこない人も、猿飛佐助や霧隠才蔵という名前には、アニメやゲームなどで耳なじみがあるのではないだろうか。彼らも立川文庫から生まれた架空のキャラクターである。忍者が超人的な働きをする異能者として日本のみならず海外で認知されているのも、史実では地味な活躍しかしていない真田幸村が歴史ヒーロー扱いされているのも、立川文庫が創作した〝真田十勇士〟の武勇伝のおかげだ。

立川文庫はあまりに人気がありすぎて、学校で忍者ごっこブームを巻き起こしたため、学校や上流家庭では悪書として禁止されることもあったようだ。『育児の百科』で知られる小児科医の松田道雄（一九〇八年生まれ）は小学生だった大正七年頃に、立川文庫が小学生の間でブームになっていた思い出を語っている。しかし「子どもに立川文庫をよまさないようにという学校の方針」があり、母も学校の方針に協力していたため、立川文庫をたくさん読むことはできなかったそうだ（松田道雄『私の読んだ本』）。幸田文も小学校上級の頃、親から立川文庫禁止命令を下されていた一人だ。文は井戸端でこっそり猿飛佐助を読んでいたところを父・幸田露伴に見つかり、取り上げられてしまう。ところが猿飛佐助を読みふけった露伴は「かうでたらめだといつそおもしろい」と評し、娘に忍術の実地教習を授ける（『ちぎれ雲』）。林芙美子は、親が働きに出ている間、ひとり木賃宿で貸本屋で借りた猿飛佐助の講談本などを読みふけっていたのが読書の始まりだったという（『絵本猿飛佐助』）。少年だけでなく、少女も立川文庫のとりこだった。

立川文庫をはじめとする「俗悪読物」に子供が夢中になる事態を憂えていたのは、個々の学校だけではない。

一九一八（大正七）年、文部省が保護者向けのイベント「俗悪読物展覧会」を開催する。

『日本出版文化史』（小林善八）の記録によれば、子供に人気の読物を集め、その俗悪さを保護者に見せつけるイベントだったようだ。

「お伽噺」から健全な「童話」へ

大正期に入ると、児童向けの読み物にも芸術性を盛り込もうという動きが文壇作家の中からあらわれる。一九一三（大正二）年に刊行された『愛子叢書』（全五巻）は、島崎藤村、田山花袋ら著名作家が我が子のために書いた健全な児童文学というふれこみだった。

児童読み物の流れを大きく変えたのは、鈴木三重吉が一九一八（大正七）年に創刊した芸術的児童文化雑誌『赤い鳥』である。夏目漱石門下の文学者だった鈴木三重吉は、それまで児童読み物を手がけてきた作家を一顧だにせず、芥川龍之介や島崎藤村といった文壇作家に寄稿を求めた。彼のもくろみは、創刊に際して配布したプリント「童話と童謡を創作する最初の文学的運動」にあるとおり、児童文化から俗悪を排除することだった。

実際どなたも、お子さん方の読み物には随分困つてお出でになるやうです。私たちも只今世間に行われている、少年少女の読物や雑誌の大部分は、その俗悪な表紙を見たばかりでも、決して子供に買つて与へる気にはなれません。かういふ本や雑誌の内容は飽くまで功利とセンセイショナルな刺戟と変な哀傷とに充ちた下品なものだらけである上に、その書き表はし方も甚だ下卑てゐて、こんなものが直ぐに子供の品性や趣味や文章なりに影響するのかと思ふと、まことに、にがにがしい感じがいたします。（…）次には単に作文のお手本としてのみでも、この「赤い鳥」全体の文章を提示したいと祈つてをります。

（鈴木三重吉「童話と童謡を創作する最初の文学的運動」）

『赤い鳥』はそれまで「お伽話」の名前で呼ばれていた少年向けのバトル・冒険物語や、少女向けのセンチメンタルな教訓説話を俗悪として否定し、一流作家による芸術としての児童文学「童話」を提案した。誘惑に弱く影響されやすい清らかな子供を守る良書としての「童話」が、こうして誕生する。『赤い鳥』は、俗悪本に眉をひそめる意識の高い新中間層の母親や教育者に大いに受け入れられた。

大正時代に小学生だった岡本太郎も、「だだっ子を詩人にした雑誌」（『別冊　解説　赤い鳥の本・『赤い鳥』童謡』所収）の中で、小学二年生のときに母・かの子から『赤い鳥』をごり押しされた思い出を語っている。先生から塚原卜伝《ぼくでん》の話を聞かされ、これまで読んできたおとぎ話とはまるで違う面白さに魅了された岡本太郎は、母親に講談本をねだる。芸術至上主義者であるかの子は「そんな下等なものは、絶対に読んではいけません」と一蹴してしまう。代わりに『赤い鳥』なら買ってあげると近所の本屋に行かせるが、店員は『赤い鳥』という雑誌名すら知らない。太郎が子供の本だというと、店員は「それならこれが良いですよ」と本を包んで太郎に持たせた。中身を見たかの子は「なんだ、サザナミか」とがっかりしたというエピソードだ。母親と教育者以外には知名度の低かった『赤い鳥』、講談ヒーローを好む子供、『赤い鳥』を押し付けたがる母親、母子に一顧だにされなくなった巖谷小波という、大正時代の児童文学の立ち位置がよくわかるエピソードである。

学校教育に入り込む文学

芸術的児童文学が教育者やインテリ層に広まる中で、これまで有害とされていた文学を積極的に教育に取り入れようという動きもでてきた。まず小学校の国語では、大正七年より児童本位の時代に対応して文学要素も盛り込んだ国定教科書『尋常小学国語読本』が登場し、子供たちに歓迎された。たとえば小学六年生用の『尋常小学国語読本　巻十二』（大正一二年）に収録されたベートーベンの創作エピソード「月光の曲」は、こんな感じである。

「それでは此の月の光を題に一曲」。といつて、彼はしばらくすみきつた空を眺めてゐたが、やがて指がピヤノの鍵《けん》にふれたと思ふと、やさしい沈んだ調は、ちやうど東の空に上る月が次第々々にやみの世界を照らすやう、一転すると、今度は如何にももののすごい、いはば奇怪な物の精が寄集つて、夜の芝生《しばふ》にをどるやう、最後は又急流の岩に激し、荒波の岸にくだけるやうな調に、三人の心はもう驚と感激で一ぱいになつて、唯ぼうつとして、ひき終つたのも気附かぬくらゐ。

明治三七年の第1期『尋常小学国語読本』が、「都会の事も、田舎の事も、／千里あちらの　他国の事も／一目で、わかる　新聞紙／あー。ちょーほーな　新聞紙」（巻八「第二新聞紙」）というノリだったことを思うと、やりすぎなくらい文学ロマンがほとばしっている。これが文部官僚の書き下ろしというから驚きだ。

中学校の国語教科書では、大正時代から同時代の文学作品が掲載されるようになる。あわせて国語の授業で使う文芸副読本も刊行されるようになった。代表的なものは、芥川龍之介が編集し、武者小路実篤、国木田独歩、石川啄木といった人気作家の短編を収めた『近代日本文芸読本』（大正一四年）である。同書に収録された作品は、その後の国語教科書にも採用されるなど、文学の教育的権威付けに一役買った。菊池寛も、『新文芸読本』（大正一五年）のほか、小学生に向けて『小学童話読本』（大正一四年）という副読本を編んでいる。

大正一二年前後に中学生だった松田道雄は前述の『私の読んだ本』の中で、「現代作家で作品が学校の教科書にでていたのは菊池寛だった。『恩讐の彼方に』は副読本でならった」「菊池寛は、そのころいちばん健全な思想を代表している人のように思えた」と回想している。『恩讐の彼方に』が現代においても道徳の副読本などに登場することがあるように、菊池寛はその市民的な道徳観で文学の健全アピールに大いに貢献した。たとえば

『恋愛と結婚の書』（昭和一〇年）では、男性を見る目を養うために「学校教育よりも文芸に親しむのが一番いゝと思ふ」「身体も心も汚さないで、清純のままで男性を研究するには、矢張り小説の中の男性を研究するより外にない」と、花嫁修業としての文学の有用性を説いている。そりゃ教科書に載るし副読本も編集しますわ、と納得の健全さだ。

道徳教育においても、自由主義の観点から文学の活用を求める声が出てきた。文芸評論家の片上伸は、監視・拘束・禁止によって「種々雑多な心理的生理的の欲望」を抑え込む学校教育は、子供たちに「自信の無い一種のごまかし、偽り」を強いるだけだとし、修身教育に代わる文芸教育を提案した（『文芸教育論』大正一一年）。片上伸の問題意識は、従来の修身教育が教える忠義・孝行・義務の観念、社会に対する奉仕といった徳目は、日常生活の実感に合わず、人々の内面の規範にはなりえていないことにあった。「文芸は、今までの家庭に於いても、学校に於いても、年少子弟にとつて寧ろ危険有害なものとして、又甚しきは、恐るべき誘惑として極力排斥せられてきた」が、文芸の真の力をもってすれば「理屈や規則や訓戒などで到底与へられない一種の人間生活信愛感とでもいふべきものに感染」させることができるという。物語の力を用いて内面から感化させる「感動の道徳」の提唱である。

熱血物語で少年を魅了した『少年倶楽部』

一九二七（昭和二）年に金融恐慌、一九二九（昭和四）年に世界大恐慌が訪れ、国全体が経済危機に瀕すると、芸術的児童文学雑誌に冬の時代が訪れる。決定的だったのは、昭和初期の円本ブームで登場した安価な児童文学全集だ。芸術的児童文学雑誌は、『日本児童文庫』と『小学生全集』に購読者を奪われてしまう。

芸術的児童文学雑誌が衰退する一方で、大衆的な少年雑誌が大きく部数を伸ばした。一九一四（大正三）年に大日本雄弁会講談社（以下、講談社）から創刊された『少年倶楽部』はそれまで少年雑誌の読者層ではなかった中下層の少年たちにも受け入れられ、一九二八（昭和三）年には四五万部発行の人気雑誌に成長していた。『赤い鳥』の発行部数は最盛期でも二〜三万部だったから、人気の差は比較にならない。

当初は社名の通り英雄や偉人の逸話を講談調でまとめた立川文庫風の雑誌だった『少年倶楽部』が大躍進を遂げたのは、貧しく心清い少年が友情と努力で栄光を勝ち取る立身出世物語のほか、軍事冒険小説、時代小説などの長編連載小説の人気のおかげだった。代表的な作品は、小学校卒業後すぐに豆腐屋で働き始めた母子家庭の少年が、貧困といじめにくじけそうになりながらも美しい友情と師弟愛に支えられてエリート校に入学を果たす『あゝ玉杯に花うけて』（佐藤紅緑）である。同作は昭和二年五月から翌年四月まで連載され、三〇万部だった『少年倶楽部』の発行部数を四五万部にまで押し上げるのに貢献したと言われている。

大衆小説の人気作家だった佐藤紅緑を口説き落として少年小説を書かせた『少年倶楽部』編集長の加藤謙一は、地方農村の小学校教師から編集者に転職するという異色の経歴の持ち主だった。貧しい農村の子供たちは、市販の児童雑誌に興味を示さない。そこで加藤謙一は、教え子たちのために自家製の児童雑誌を作成する。これが大いに喜ばれたことが、上京して児童雑誌の編集者を志すきっかけとなった。インテリ文学者よりも地方少年の気持ちをよく理解していた加藤編集長は、マンガ『のらくろ』の連載や「大飛行艇ドックス号」「軍艦三笠」などの豪華組立模型付録、読者から面白投稿を募る「滑稽大学」「滑稽和歌」といったヒット企画を次々に生み出し、同誌を六〇万部を超える人気雑誌に育てた。

『少年倶楽部』の読者だった佐藤忠男は、同誌の連載小説にいかに熱狂したかを語る一方で、「小川未明や坪田譲治の小説が、そうした熱意をそそったことは一度もなかった」と、『赤い鳥』系の童心主義文学を否定している（「少年の理想主義について——『少年倶楽部』の再評価——」昭和三四年）。

少年も、数え年で十六歳ともなればすでに子供ではない。一人前の大人として遇されて、大人と対等の義務を負わねばならぬ。雑誌の中からそう呼びかけられていることとが、その年を目前にひかえている年代ではむしょうに嬉しかった。そして、そのような観点からすると、君たちはいつまでも今の童心を大切にしていなさい、としか語ってくれない『赤い鳥』や、「善太と三平」（坪田譲治）の世界は、むしろ我々を小馬鹿にしたものとさえも感じられた。

子供自身にしてみれば、〝童心〟とは要するに、大人が子供に、自分たちの世界の厭らしさを隠して見せないために煙幕として用いる仮空の観念でしかない。（…）だから、〝童心〟をひけらかせて、大人の歓心を買おうとする奴は鼻持ちならない裏切者であり、あの、忌むべき〝良い子〟どもであった。小学校の上級から中学の初級にかけて、日一日と大人の世界の秘密に眼を開きつつある年代では、〝童心主義〟とは保守主義の別名に他ならない。なんとかしてあの横暴な大人たちに対抗すること、これが、その年代においては進歩主義の根本であった。一日も早く大人になりたい。子供のころ、そう激しく念願しなかった人は果してどれだけいるだろうか。

（佐藤忠男「少年の理想主義について――『少年倶楽部』の再評価――」）

道徳を教え込む対象でも、守るべきけなげな存在でもなく、子供を独立した一個の人間として扱っていたことが、『少年倶楽部』と童心主義の違いだった。大衆少年も物語に親しむようになったこの時期、もはや自我の確立は学生だけの問題ではなくなっていた。高学歴エリートを煩悶させた自我実現というテーマは、小学校を出てすぐ労働者にならざるをえなかった階層の少年にはシンプルに受け止められた。貧困からの脱出という明確なゴールがあったからだ。実際には成功は難しかったにしても、『少年倶楽部』の読み物は栄達を目指して努力している読者に自信を与えた。母に守られて無垢なままでいられた子供時代を理想化する高学歴男性の童心主義は、一刻も早く大人になって貧しく無力な状態から逃れたい一般少年には響かなかったのだろう。一九三六（昭和一一）年、鈴木三重吉の死をもって『赤い鳥』が終刊し、芸術的童話雑誌の時代が終わりを告げる。

『少年倶楽部』に代表される「面白くてためになる」講談社文化に対抗して、夏目漱石『こゝろ』で出版業を始めた岩波書店も教養主義としての岩波文化を展開した。

昭和九年、岩波書店が旧制中学校用国語教科書『国語』（全一〇巻）を刊行し、国語教科書界に新風を巻き起こす。これは同社に縁のあった文学者や知識人を動員し、現存の作家による作品を意欲的に掲載したものだ。採用された文学作品は、夏目漱石「東洋の詩境」（『草枕』）、和辻哲郎「中宮寺の観音」（『古寺巡礼』）、芥川龍之介「戯作三昧」、幸田露伴「五重塔」など圧倒的に〝和〟モノが多い。岩波書店の「『国語』編纂の趣意」では、このラインナップは昭和六年の中学校教授要目改正を受けてのものだと記されている。同要目では「国語講読」の教材の条件として、「我国体及民族ノ美風ヲ記シ国民性ヲ発揮スルニ足ルモノ」「健全ナル思想ヲ述ヘ道義的観念ヲ涵養スルニ足ルモノ」「文学的趣味ニ富ミ心情ヲ高雅ナラシムルニ足ルモノ」などが挙げられているからだ。そのロマンティシズムで明治・大正期の若者たちを恋愛に憧れさせた文学は、日本の美しさにうっとりさせて国民道徳を育む「教養」に昇華した。

児童図書の検閲スタート

日中戦争勃発の一年後、国家総動員法が施行される一九三八(昭和一三)年あたりから、児童図書も厳しい検閲のターゲットになる。同年一〇月、内務省警保局から児童図書を統制する「児童読物改善ニ関スル指示要綱」が通達される。まず取り締まりを受けたのは、俗悪なマンガ・講談本だった。当時の新聞は、講談本『水戸黄門漫遊記』『国定忠治』とマンガ本『桂小五郎』が、「記事俗悪で賭博、殺人などの記述」が随所にあることを理由に発禁になったと伝えている。水戸黄門が発禁? のんびりした勧善懲悪物語じゃないの? と思ってしまうが、『水戸黄門漫遊記』のこんな箇所が問題視されたらしい。

八「ヘイ。こいつは死太い奴で、十二、三度斬ってもまだ死なねえのです。」
見ると、矢鱈に切りつけて、まるで膾り殺しです。
(…)
格「可哀想に、一思ひに突き殺してやれよ。」
八「それぢやァ。あんまり楽しみがねえぢやないですか。」
(川崎大治「教育読物の非教育性と浄化運動への積極的参加に就て」/『童話研究』一九三九年二月)

八兵衛の心の闇がひどい。とはいえ、戦争で敵兵を殺すことが堂々と推奨されていた時代に育った大人たちのモラルはこんなものだったのかもしれない。

検閲官はロン毛の詩人

このような言論の自由の弾圧に対し、当時の文化人は怒りを表明するどころか、積極的に賛成した。というのも、当初は弾圧自体が文化系インテリによって進められたからである。この統制を主導した内務省警保局の佐伯郁郎《いくろう》も、一九二六（大正一五）年に知人のコネで嘱託職員として内務省に入り込んだ詩人だった。一年のみの腰かけ仕事のつもりだった佐伯郁郎は、長髪にオールバックのまま出版物の検閲の仕事を始めたという。以下、戦中の児童図書関係者へのインタビュー集『体験的児童文化史』（滑川道夫）の本人の証言に基づいてまとめると、検閲は当初警察学校の人間があたっていたのだが、それを菊池寛、山本有三ら有名作家に批判されたため、内務省は文学の素養のある人間を検閲要員として確保する必要に迫られた。そこで早稲田大学仏文科出身で、就職難で生活に困っていた佐伯郁郎に白羽の矢が立ったのだという。検閲の指導も、猥褻本をチェックして「まん中のやつが硬くなってきたら『注意』で、なんともかんともかなわないことになったら、もう『禁止』だ」という、実にいい加減なものだったらしい。

当時の検閲対象は大人向けの出版物のみで、子供向けの出版物は野放しだった。ところが昭和に入ってから立川文庫のような講談本に代わり、マンガが圧倒的な勢いで児童文化に登場してくる。内務省の元には、マンガを取り締まってほしいという父兄からの投書が数多く寄せられるようになった。実際にマンガを手に取ってみた佐伯郁郎は検閲の必要を感じ、児童図書の統制に着手する。

佐伯郁郎は『少国民文化をめぐつて』（昭和一八年）で、当時のマンガについて次のように語っている。「好んで扱はれたものは剣劇もので、名刀一閃、たちまちにして五六人ものくびが血しぶきあげてすつ飛んでゐる絵などは珍らしくなかつた。猟奇的な犯罪探偵ものなども、非常に多く」、「このやうなテーマを説明してゐる言葉が、また大変なもので、べらんめい張りの乱暴極まるものであつた。すなはち、当時漫画に共通してゐたものは、一言にして言へばナンセンスで、非常に頽廃的なものであつた」。仏文科出身の詩人からすれば、まったく見るに堪えないものだったのだろう。

児童図書を統制するにあたり、佐伯郁郎はまず児童文化問題に関心が高かった詩人仲間の百田宗治《ももたそうじ》に声をかけた。百田宗治の人脈で人気作家の山本有三のほか、小川未明や坪田譲治といった芸術的児童文学作家、教育心理学者の波多野完治ら学識経験者が集められる。こうして生まれたのが、前述の「児童読物改善ニ関スル指示要綱」だった。

小川未明の転向

要綱作成にあたり小川未明が提出した「児童雑誌に対する理想案」には、「先ず最も今日の社会の悪趣味を反映した夥しい赤本類の絶滅です。そこには何等の高き理想がありません」とあり、単なる協力というより、むしろ国家権力を借りて赤本（駄菓子屋や露店などで販売された描きおろしの粗悪なマンガ本）を絶滅させたいという強い意志が感じられる。

日本精神を基礎とする教育は、道徳国家の建設であつて、これまでの物質至上の資本主義や、功利主義の線の上では、教育なされぬものであつて、第一歩から出直して児童を教化しなければなりません。今迄の物質第一、精神第二であつたのを、精神第一、物質第二に価値を転換するのであります。此の如きは国家の力にしてはじめてなされるものです。

これまでの教育が、立身出世を目指したとすれば、これからの教育は滅私奉公の信念にあります。従つてこれまでと正義感も異なれば、幸福感の内容すら異なる訳であつて、読物の統制が必要であります。

（小川未明「児童雑誌に対する理想案」）

現代を生きる我々にとっての小川未明は、第一次世界大戦の時期に書かれた反戦童話

「野ばら」（大正九年）や、ロマンチックな童話「赤い蠟燭と人魚」（大正一〇年）などで、「左翼・メルヘンの人」という印象が強い。事実、大正時代の小川未明は無政府主義者として特高警察に尾行されたこともあるほど、社会主義の強い影響下にあった。小川未明は大正七年発表の私小説「戦争」で、病で亡くしたばかりの幼い我が子を第一次世界大戦で虐殺されているであろうヨーロッパの子供たちに重ね、子供の苦しみをよそに戦争で金儲けして享楽的に生きる日本人への憎悪を描いている。社会主義は、資本主義がもたらした人間の醜い驕りを改良する手段として未明の心をとらえていた。

「児童雑誌に対する理想案」を提出した前年の一九三七（昭和一二）年に、小川未明は戦意高揚童話「僕も戦争に行くんだ」を発表しており、急な転向というわけでもない。私小説「堤防を突破する浪」（大正一四年）で、サラリーマンを馬鹿にする作家志望者や女性嫌悪をこじらせてブルジョア女性のヌードを醜く描く画家など、社会主義者たちのダメ人間ぶりを批判的に描写しているから、このときすでに社会主義から心は離れていたのだろう。反体制運動は彼の美学を満足させるものではなかった。子供が犠牲になる戦争を利用して金儲けに走る同朋に反感を抱いていた未明が、国家のために身を捧げようとする子供・若者に理想の人間像を見出したとしても不思議ではない。こうした信念のもと、『少年倶楽部』全盛の中で「自己をも犠牲にせんとする純情よりは一攫千金の富貴と成功を夢む」児童雑誌への批判から一九三七（昭和一二）年に童話雑誌『お話の木』を創刊している。同誌が商業的に失敗したことで、国家の力を借りて児童を教化するしかないとする国家主義に突き進んでいったのだろう。

要綱では、ふりがな、懸賞、付録、誇大な自家広告、誇大な次号予告、卑猥な挿絵、卑猥俗悪なマンガ・用語、野卑、陰惨、猟奇的な読物、過度に感傷的、病的なもの、小説の恋愛描写などが「廃止スベキ事項」とされた。要綱は東京・大阪の編集者や業者に配布され、絶大な権力をふるうことになった。中の人は長髪の詩人であるにしても、小林多喜二を拷問死させた内務省警保局の指示である。無視するという選択肢はない。少年読者のニーズを重視した講談社はなかなかおまけや誇大広告をやめようとしなかったため、絵本の裏表紙ごと削除されてしまうこともあったようだ。人気雑誌『少年倶楽部』を擁する講談社を統制下に置こうと、内務省はやっきになっていたのだろうか。

要綱の作成にかかわった教育心理学者の波多野完治は、当時を反省的に述懐している。


しかしあのころは、目の前で良心的な児童文化が音を立てて崩れていくのを見ている時代なんですよ。団体を組むということはたいへんむずかしい時代でして、そんなこと、やれるもんじゃない。

一九三〇、三一年ごろ『小学生全集』と『日本児童文庫』ができて、『小学生全集』と『日本児童文庫』があればいいということになっちゃって、あれができたとたんに、良心的な創作児童文学はほとんど売れなくなっちゃった。（…）それをなんとかしなきゃいけない。それには悪いものをつぶせばいいだろうという考えが、ぼくにはあったんです。はなはだ浅はかな考えですけれども、そういうことを考えていたわけです。で、内務省警保局がそういうことを言ってきたとき、警保局というのは発禁をする権力をもったところですから、警保局でそれができるかどうか聞いたわけです。そうしたら、非常にむずかしいけれども、できる、と言うんですね。そして、浄化措置が出るひと月ぐらい前ですか、二冊の本を発禁にしたんです。一冊は講談本、もう一冊は講談にもとづいた昔の武芸者の何かだったと思います。これを発禁にした。それに対して、言論の自由の抑圧だ、けしからん、と言うかと思ったら、反対にインテリ層が非常にこれに賛成したんですね。

（滑川道夫『体験的児童文化史』）

児童図書の表現規制は政府というより、大衆にそっぽを向かれたインテリ層の逆襲として始まったように見える。統制の中心人物だった佐伯郁郎も、大正時代の『赤い鳥』へのノスタルジアを語り、子供に質のいい本を与えたいという個人的な思いがあったと当時を振り返っている。

要綱が発表されて二か月ほどは、マンガのみ三〇冊余りが発禁処分になった。そのため、多くの文学者や知識人には統制は他人事のように思えたのだろう。

児童書の推薦図書制度

内務省が俗悪児童書の取り締まりに励む一方で、文部省は一九三九年より図書推薦制度を児童書分野に拡大する。児童向け推薦図書を選ぶ作業も、当初は文化人が担っていた。文部省嘱託の調査委員だった滑川道夫は「初めのころはかなり自由主義的な選択」で、「われわれが推薦したのがどんどん通った」「初期二年ぐらいは楽しかったですよ」と当時を回顧する（『体験的児童文化史』）。

その言葉通り、初期の推薦児童図書リストには、島崎藤村『ひらがな童話集』、森田たま『鉛の兵隊』（アンデルセン童話）、浜田広介『ひろすけ幼年童話・椋鳥の夢』など、芸術性の高い童話が優先的に掲載されている。「推薦図書」に選ばれると用紙の配給が受けられるうえ、新聞・ラジオなどで発表されてベストセラーを保証されるから、出版社はこぞって文部省推薦を受けられる児童書づくりに努めた。このため、衰退していた芸術的児童文学が一時的に復興する。

要綱では特に五、六歳前後の子供に与えるべき本として「童話は題材を自然の凡ゆるものに求めて、創造的にして詩情豊かなるもの、特に母性愛の現われたるものたること」と指定されている。これは小川未明の「児童雑誌に対する理想案」を反映したものだった。死んだ母鳥を待つ椋鳥の子供を描いた「椋鳥の夢」（浜田広介）が推薦図書に選ばれたのも、童心主義の母性愛信仰が要綱に盛り込まれたおかげだろう。このほか小川未明『夜の進軍ラッパ』、坪田譲治『善太と三平』『カタカナ童話集』、宮沢賢治『風の又三郎』『宮沢賢治名作選』などが推薦図書に選ばれている。猛禽類に襲われても使命を果たして死んだ軍用鳩などの美談集『将兵を泣かせた軍馬・犬・鳩武勲物語』（上沢謙二）といった泣かせ系の動物ものも推薦図書入りを果たした。

それまで実績がないために創作集を出せなかった「ごんぎつね」の新美南吉も、時勢の恩恵にあずかり、『おぢいさんのランプ』（一九四二年）をはじめとする三冊の本を出版する（生前に出版されたのは一冊のみ）。椋鳩十も、初の童話集『動物ども』（一九四三年）を世に出すことができた。

児童文化から「少国民文化」へ

太平洋戦争が始まる一九四一（昭和一六）年あたりから、児童文化は「少国民文化」と呼ばれるようになり、国家主義の色彩が強くなる。推薦図書の選択にも文部大臣の直轄機関である国民精神文化研究所の教学官たちが乗り込んできたことで、滑川道夫、波多野完治、百田宗治ら文化人は、自由主義者として調査委員から追放されることになった。

一九四一年末には佐伯郁郎の指示で業界の大御所だった小川未明を担ぎ上げ、児童文化団体を統合した児童文化統制団体「日本少国民文化協会」が誕生する。反戦童話「かわいそうなぞう」で知られる土家由岐雄も、少国民文化協会の嘱託職員として働きながら『昭南島：少国民小説』などの愛国児童書をいくつか発表している。大政翼賛会に連なる組織の支配下に組み込まれた子供向け文化は、関瑞臣『九軍神の少年時代』（昭和一八年）、岩田豊雄（獅子文六）『少国民版 海軍』（昭和一八年）といった国のために命を捧げる軍人を賛美するような内容で埋め尽くされていった。

当初はインテリ層はもちろん、ジャーナリズム、親・教師、そして出版業界人にさえ「悪いものを駆逐していいものだけを残す」勧善懲悪的な試みとして支持された浄化措置だったが、国家権力にゆだねられた「浄化」の暴走は免れえなかった。

ともあれこうして、「道徳を子供に教える良書」としての児童書が国家によって指定されるようになった。その背景には戦争はもちろん、大衆少年雑誌とマンガの圧倒的な人気があった。識字率の向上により農村や労働者階級の子供たちが文化の消費者として大量に参入してくるなかで、急速に広まった刹那的な大衆児童文化が知識階級をおびえさせたのだ。一方、講談本、マンガ、豪華おまけつきの娯楽雑誌という新しい「俗悪」が登場したことで、古いメディアとなった文学は権威を付与され、感情をゆさぶって国民に道徳を刷り込む新しい役割を担うことになった。

児童文学浄化措置の中で光を当てられた新美南吉と椋鳩十は、それぞれ「ごんぎつね」「大造じいさんとガン」の作者として国語の教科書で今もおなじみである。戦時下で日本軍礼賛童話や銃後美談を書き続けた浜田広介も「泣いた赤鬼」で道徳や国語の教科書で親しまれている。三作品は、いずれも犠牲的精神を美しく描いた作品という共通点がある。作品自体に軍事色はないが、自己犠牲を尊ぶ美意識は、時流と決して無関係ではないだろう。次章では、こうした日本人の涙腺を刺戟する美意識がいかにして育まれたかを探っていきたい。

第二章　「道徳」としての母

自己犠牲する母はなぜ「泣ける」のか

自然、伝統、自己犠牲を押しつけられる母親たち

現代日本で感動を呼ぶ鉄板コンテンツ、それが「母」だ。アスリートが活躍すればその母親がいかに陰で尽くしたかがクローズアップされ、「家事育児を一人でがんばるママへの応援歌」「都会で暮らす我が子を思う田舎の母」は、感動CMの定番である。

フィクション、ノンフィクション問わず、「田舎」に住み「趣味を持たず身なりにもかまわず子に尽くすことだけが生きがい」の母の自己犠牲は、日本人の琴線をくすぐる。母は社会的に無力であればあるほどよく、苦労が報われることなく死ねば、その存在はどこまでも聖化される。もちろん母親の献身の対象は子供でなければならず、間違っても仕事に生きがいを見出してはならない。忌野《いまわの》清志郎が歌った「昼間のパパは男だぜ」（一九九〇年清水建設CMソング「パパの歌」）というフレーズは今もって魅力的だが、「昼間のママは女だぜ」では、そのCMは感動とは別の方向へと転ぶだろう。

母親を取り巻くエセ科学も、伝統育児で発達障害を予防できると謳う「親学」を筆頭に、

出産への医学介入を否定する「自然出産」、紙おむつを有害視する「布おむつ育児」、日本の伝統食で子供のアレルギーが治るとする「玄米菜食」など、母親に「自然」「伝統」「自己犠牲」を強いるものが多い。自然育児には無縁でも、オムライスやハンバーグといった子供に人気の洋食の頭文字をとって食卓の西洋化を戒める「おかあさんやすめ」「ハハキトク」という食育標語を、母親なら見かけたことがあるだろう。まるで「伝統的な和食をつくらない怠け母は死すべし」と呪いをかけているかのような標語である。普通はエセ科学といえば「○○を飲むだけダイエット」「○○さえすれば病気が治る」とラクを売り物にすることが多いのに、母親相手の商売となると苦労を強いる方向に向かうのは、考えてみれば不思議なことだ。

年がら年中尊ばれ、応援してもらってるんだから、ありがたく受け止めるべきなのだろうか。しかしそうもいかない事情がある。「自然（田舎）」「伝統」「自己犠牲」の要素からなる母性幻想からはみ出した生身の母親は、常にバッシングにさらされているからだ。保育園に預けて働くホワイトカラーの母親には「自己実現のために子供を犠牲にした」と罵声が飛び、保育園に入れず仕事をやめなければならないことを嘆く母親は「都会に住んでいるのが悪い」と切り捨てられる。社会人女性の産休・育休が迷惑がられる一方で、高校在学中に妊娠した女子は三割が自主退学に追い込まれる。冷凍・レトルト食品、ベビーカー、スマホ、ヒール、ネイル、電車……これらを利用する母親への批判は、ここに書き出すまでもないだろう。

こうした母性幻想による抑圧の結果、子供のいる日本の女性フルタイム労働者の賃金は男性賃金のわずか39％に過ぎず、ＯＥＣＤ加盟国平均（78％）の半分、ワースト2の韓国（54％）にも大きく水をあけられ、ワーストトップをひた走る（「Closing the Gender Gap 2012」）。格差を与党がどうにかする気がなさそうであることは、二〇一七年の総選挙時にＳＮＳでいやというほど目にした公明党のＣＭ「母の手に守られて」からもわかる。朝早くから夜遅くまで母子家庭の母親が仕事を掛け持ちして働いているが、一人娘の私立高校進学費用も出せないほど困窮している。私立高校授業料の無償化をアピールするＣＭだが、長時間労働をしても学費程度の賃金すら得られない母親の差別的な境遇は感動要素として扱われ、問題としては提起されない。母親の貧困は母親の自己犠牲を尊ぶ人々にとっては萌え要素であっても、働く若い女性たちからすれば恐怖だ。かくて女性たちは産み控え、少子化はやむことがない。

本当は怖い伝統的母親像

母性幻想に取り巻かれて暮らしていると、「これは日本人のＤＮＡなのだから、このまま滅びるしかないのかも……」と、つい遺伝子に責任を転嫁して思考停止したくなる。しかし日本文化史を振り返れば、子供のために自己犠牲する母親像というのは、さほど長い歴史を持つものではない。

日本の地母神にあたる『古事記』のイザナミは火の神を生んですぐに死に、ウジをわかせながら「地上の人間を毎日一〇〇〇人殺す！」と宣言する破壊神のような存在だし、女神アマテラスは世界に闇をもたらした怒りの引きこもりエピソードばかりで知られている し、アキヤマノシタヒの母に至っては八年間病に臥せる呪いを息子にかける毒母だ。平安時代末期の説話集『今昔物語』の「女、乞匃《こつがい》に捕へられて子を捨てて逃げたる語」（巻二九第二九）では、浮浪者に襲われた女性が子供を置いて逃げたために子供は殺されるが、それを知った武士は貞操を守ったことを褒めたたえ、作者も「下衆《げす》の中にも、此く恥を知る者の有也けり」と感心する。子供の命は貞操より軽いのだ。

それでもさすがに女性が書いた和歌なら子供への思いを歌い上げたりしてますよね、と古文で習った親バカ和歌を思い出そうにも、『万葉集』の「瓜食めば子ども思ほゆ栗食めばまして偲はゆ……」（山上憶良）に、『土佐日記』の「世の中に思ひやれども子を恋ふる思ひにまさる思ひなきかな」（紀貫之）と、頭に浮かぶのは男性の和歌ばかり。貴族の女性は乳母に子供の養育を任せるのが通例で、子供との日常的な愛着関係があまりなかったのだろうか。

では貴人ではない、庶民のオカンはどうだろう。庶民の母親文化は近世から伝わる子守歌から伺い知ることができるが、子供に尽くすどころではない女たちのブルースに打ちのめされる。以下は、『日本の子守歌』（松永伍一）掲載の伝承子守唄から抜粋したものだ。

ねんねんころりよ　おころりよ
ねんねしないと　川流す
ねんねんころりよ　おころりよ
ねんねしないと　墓立てる

（「米良の子守唄」宮崎県米良地方）

かかほし　かかほし　おかかほし
おかかもらって何にする
昼はままたき　洗濯に
夜はぽちゃぽちゃ抱えて寝て
抱えて寝たけりゃ子ができる
女のお子ならおっちゃぶせ（おしつぶせ）
男の子ならとりあげろ
とりあげ婆さん名はなんだ
八幡太郎とつけました

（「高良田の子守歌」茨城市筑波郡）

男性目線で道具としての女の生を淡々と歌い聞かせたあげく、生まれた子が女の子なら殺すという、なんともすさまじい歌である。現代の保守層が夢見る伝統育児を実際に担っていた母親たちの内面は、口減らしのための子殺しが珍しくなかったこともあって、甘やかなものではなかった。このような恨み節は、日本の子守歌では珍しくないという。(石子順造『子守唄はなぜ哀しいか』)

母親が尽くす対象はあくまで家長であり、家であり、ひいては家を束ねる村落共同体であって、子供ではなかった。また従属することに「わたし、家長に尽くせれば何もいらない。家長と一緒にいられて幸せ」という内発的な動機づけもない。動機も何も、従属以外の道はないのだ。

庶民の母、とくに農家の母は忙しく、昼間は幼子の世話を子守に任せ(もしくは「エジコ」と呼ばれる桶に入れっぱなしにして)、家業、炊事、洗濯などの雑事に追われるのが日常だった。子供は子供で、七、八歳にもなれば家業の手伝いをしたり、下の子の子守をしたり、奉公に出たりと、むしろ家に尽くす存在となる。学校制度も職業選択の自由もない世界では、教育とは息子に家業を継がせる訓練で、それはもっぱら父親や子供組・若者組の仕事だった。

江戸時代の町人文化にも目を向けてみよう。「泣ける」母親像ということでいえば、歌舞伎『伽羅先代萩《めいぼく》』で幼い君主を守るために我が子の命を差し出す乳母政岡が有名だ。目の前で嬲り殺しにされた子の遺骸を抱きしめながら、「コレ千松、よう死んでくれた」「とは言ふものの可愛やなア」と嘆く母親の姿は、母の言いつけを守って死んだ幼児のけなげさと相まって人々の涙を誘う。とはいえ母の献身の対象はあくまで君主であって、子供のほうが母の仕事のために命をなげうつのだから、「子供に対する母の自己犠牲」という現代の泣き要素とは方向性が逆である。

夫婦が主君の子息の身代わりに我が子の首を捧げる歌舞伎『寺子屋』、夫婦が娘の命と引き換えに主君の密命を果たす人形浄瑠璃『傾城阿波の鳴門』も同様だ。封建社会では、母親の子供への愛情はそのままでは美談とならず、子の命を主君に差し出す忠義を示すことによって、初めて美談となる。

子供のために生きる母親像

断定はできないが、明治二八年発表の樋口一葉「十三夜」が、子供のために自己犠牲する女性が描かれた最初期の作品ではないだろうか。夫のモラハラに離縁を決意したヒロインが父親に説得され、「ほんに私さへ死んだ気にならば三方四方波風たゝず、兎もあれ彼の子も両親の手で育てられまする」「魂一つが彼の子の身を守るのと思ひますれば良人のつらく当る位百年も辛棒出来さうな事」と一人息子の太郎のために翻意する。まさに子どもに献身する母の鑑である。ただし後半は太郎そっちのけで、かつてひそかに惹かれあっていた男性とのやりとりがメインとなる。この作品から受け取れるのは、かなわなかった純愛への感傷であって、子のための自己犠牲は不幸の一要素でしかないように見える。少なくとも「つらいけど子供さえいれば幸せ」という前向きな話ではなさそうだ。

明治二三年に大日本帝国憲法が施行され、「女三界に家なし」という儒教道徳が法制化されると、上流階級の女性であっても社会的に無力な立場におかれる。男性のみが高い教育を受けて立身出世を目指す中で、教育制度に取り残され、夫に侮られた女性たちが情緒的な関係を取り結べるのは、多くの場合我が子だけだった。

「十三夜」のヒロインの夫は高級官僚であるため、子供に家業を教える必要はなく、何日も家を空けることもざらだ。夫は「太郎の乳母として置いて遣はす」と無学なヒロインを馬鹿にしてみせるが、子供の世話に専念できるのは、家事を女中に任せられる裕福な家庭の妻のみに許された特権である。子供一筋に生きる母親像は、近代化による職住分離と性別役割分担、儒教道徳の法制化の産物で、明治半ばがその黎明期といえる。

明治の人気美談は「自己犠牲母」ではなく「孝女」

当時「感動コンテンツ」として明治社会を席巻したのは、「母」ものではなく、父や兄を思う孝女をうたい上げた「孝女白菊の歌」(落合直文)だった。修身の授業を通して士族階級のみならず一般庶民にも教え込まれていた儒教道徳のもとでは、子供が親に献身する「孝」が重要な徳目となる。母の自己犠牲よりも、親を思うけなげな子供のほうが感動度が高かったのだ。

明治三二年に高等女学校令が制定され、国家的に良妻賢母教育が強化されるに伴い、修身や国語の国定教科書にも「楠木正行とその母」「水兵の母」といった「母」ものが感動美談として登場するようになる。これらは君主や国のために息子を捧げるという「公に尽くす」母親を称えたもので、江戸時代の歌舞伎にみられる「主君に尽くすために我が子を犠牲にする」母親像に近い。明治国家が望んだ「賢母」とは、「子どもに献身し、そのふるまいを無限に許し温かく見守る母」ではなく、子供（特に息子）が忠臣になれるよう、厳しく教え導く母のことだった。

「子供のために自己犠牲する母」が感動美談となるためには、子供は純粋無垢で守るべき尊い存在であるという「近代的子供観」が必要だ。それには大正デモクラシーの到来まで待たなければならなかった。

母性幻想の誕生

童心主義と母性幻想

大正期に入ると、資本主義経済の進展に伴い、国民の間に自由や個人を重んじる風潮が盛り上がる。こうした大正デモクラシーの機運の中で、「富国強兵を支える人材予備軍」という明治期の子供観が大きく変化する。子供には子供の世界があり、子供は世俗に汚されていない純粋無垢な存在であるがために尊いとする「童心主義」が登場したのだ。

資本主義化と識字率の向上は、子供に対する新しい価値観を受け止める学と余裕のある「ホワイトカラー家庭（新中間層）の主婦」を大量に産み出していた。彼女たちの多くは女学校で良妻賢母教育を受け、清らかで温かな家庭（ホーム）を作って子供の教育責任者たることが女性の最も崇高な使命だと考えていた。雑誌『赤い鳥』を中心に花開いた童心主義による童話童謡文化は、こうした新中間層の主婦、そして儒教的な学校教育に飽き足らない教育者に大歓迎されたのである。

童心主義文学が、明治期のベストセラー児童文学者・巌谷小波の作品と比べてどれほどピュアであるか。たとえば童心主義の第一人者である北原白秋が、桃太郎を童謡に仕立てるとこうなる。

「むかし噺」
山へとゆくのはお爺さん、
川へと下るはお婆さん。

山では柴刈る鉈《なた》の音、
川では桃呼ぶ小手まねき。

むかしのむかしはなつかしい、
いつでも青空、日和鳥《ひよりどり》。

ねんねのお里はなつかしい、
いつでも夕焼、藪雀。

山へとゆくのはお爺さん、
川へと下るはお婆さん。

犬が登場するなり「頭から喰み殺してくれるぞ」と殺意をみなぎらせていた巌谷小波の「桃太郎」と比べると、ずいぶん平和である。鬼どころか、桃太郎さえいない。ここにあるのは、「桃太郎」を読み聞かせられた幼い日々とふるさとへのノスタルジーだ。このような牧歌的な童話・童謡のイメージは、現代の絵本文化とも地続きである。

お母さん大好き詩人・北原白秋

九州の名家の長男として育てられた北原白秋が、文学の道に反対する横暴な父親から守ってくれた母親への思慕を、折に触れ作品にしたためていたことは知られている。

「母の乳を吸ふごとに／わがこころすずろぎぬ。／母はわが凡《すべ》て。」

（詩集『思ひ出』収録「母」より抜粋）

「お母さまはこひしい、／お空のやうにこひしい。／お母さまはよい方、／ほんとにいつもよい方。」

（童謡集『月と胡桃』収録「お母さま」より抜粋）

巌谷小波ら明治の文学者は士族層出身者が多く、父や兄から漢学などの教育を受けて文学の素養を得ているが、その生育過程に母の影は薄い。北原白秋は富裕商人の子供という文学界では新しい階層に属しており、家庭における母の存在感も異なっていたのだろう。実家が経営の危機に陥ったとき、長男として帰郷してほしいと親族から頼まれた白秋は、文学者として身を立てるため東京に残る道を選んだ。家制度に背を向けた息子に、母はこっそり小判を送り続けたという。

『北原白秋』（三木卓）によると、中学に進学した北原白秋は優等生だったが、数学で落第し、学校や父と対立することになる。失意の折、既婚男性との恋愛を荒々しく詠んで明治社会のタブーを打ち破った与謝野晶子の歌集『みだれ髪』に出会い、「狂気のやうに感激」し、詩人を志す。

明治四二年に初の詩集『邪宗門』を刊行するが、女性とのキスをテーマにした収録作「接吻の時」をみても、「瘧病《ぎやく》む終《はて》の顫《ふるひ》」、「骸《かばね》の夜のうめき」、「人霊《ひとだま》色の木の列は、あなや、わが挽歌うたふ」と、キス一つでゾンビの大群に襲われそうな退廃的な作風で、童心とは程遠い。明治社会において、「恋愛」はそれほど反社会的なものだった。それだけに若者が社会に抗って自我を実現するには、まずは「恋愛」だったのだろう。

はたして北原白秋は人妻の松下俊子と恋に落ち、明治四五年に姦通罪で収監される事件を起こす。白秋が歌の中で歇私的里《ヒステリー》と呼んだ俊子は情緒不安定で、その劇場型恋愛は多くの短歌を生み出した。俊子とはのちに結婚するが、結婚生活は白秋の両親との折り合いが悪かったこともあって、すぐに破綻する。二番目の妻である詩人の江口章子とは、「二人はただ互に愛し合ひ、尊敬し合ひ、互に憐憫し合つた」（『雀の卵』大序、大正一〇年）と崇高な精神性に基づく西洋的な夫婦愛が実現するかに思えたが、章子を快く思わない白秋の弟に厳しくなじられ、彼女は逃げ出してしまう。名家の長男である明治男性には、やはり個性的な女性との近代的恋愛は難しかったのだろう。大人しい三番目の妻と結婚した前後から、『赤い鳥』で童謡詩人としての名声を確かなものとする。

乳房を夢見て自我解放

社会学者の河原和枝氏は『子ども観の近代』で、「童心」は「恋愛」と同様、「近代日本人の自我解放の手立て」の一翼を担ったと指摘している。

おお、私たち、以前はみんな子供であつた。子供でみんなその産みの母親の懐に抱かれ乍ら、その豊満な乳房を両手でぺた〱うちたたいては、ちゆう〱〱と吸つたものだ。

（…）

きこえる、きこえる、この子守唄が、今でも、大人になつた今でも私たちの耳にきこえて来る。何といふ柔かな優しい温かな節まはしだつたらう。この母親のこの子守唄で、初めて私たち子供の詩情は引き出されたものだ。この恩愛の、詩の根本を忘れてはならぬ。日本の子供は誰でもが、この日本の郷土のにほひを忘れてはならぬ。
芸術教育の本意も、自由な童謡復興の本意も、根本は一にこの母親の慈悲と温情にある。

（北原白秋「童謡本論」／『芸術自由教育』大正一〇年一、二月号）

あゝ、郷愁！　郷愁こそは、人間本来の、最も真純なる霊の愛着である。此の生れた風土山川を慕ふ心は、進んで、寂光常楽の彼岸を慕ふ信と行とに自分を高め、生みの母を恋ふる涙はまた、遂に神への憧憬となる。此の郷愁の素因は、未生以前にある。
この郷愁こそ、依然として続き、更に高い意味のものとなつて、常住、私の救ひとなつてゐる。

（北原白秋「一　新興童謡に就いて」／『岩波講座日本文学　新興童謡と児童自由詩』昭和七年）

学校を嫌った白秋は当時の煩悶青年同様、「恋愛」での自我実現を求めたが、持続的なパートナーシップを築くには女性の人権を尊重する倫理観が必要で、それは多くの日本人には縁遠いものだった。そこで自我がどこまでも抱擁される、道徳も倫理も必要ない「母と子の世界」を自我を解放する場所と定めたのではないだろうか。それはムラ社会とも近代社会とも切り離された、「自然」の世界としてイメージされる。
第二次世界大戦の従軍体験をもとにファシズムを支えた庶民の意識を分析した政治学者の神島二郎は、一九六一年刊行の『近代日本の精神構造』の中で、日本の都市は個人が主体を確立しながら他者と結合していく「ゲゼルシャフト」ではない、ムラ社会が集まった「群化社会」であり、それが軍国主義化を招いたとした。群化社会では個人が尊重されないため、人々は絶えず生存競争と同調圧力にさらされる。女も享楽や家政の道具でしかないから、夫婦愛を基盤とした自己肯定感も得づらい。自己のかけがえのなさを人間関係で確認するのは至難の業だ。

「母」はそんな都市からの逃避先なのだから、「郷土のにほひ」をたたえ、都市文明から切り離された存在でなければならない。近代的恋愛の代替品としての「母の無償の愛」が、「自然」「伝統」と結びつくゆえんである。それは思い出の中で美化されつづけるゆえに、恋愛と違って永遠なのだ。

わたくしは貧しい。齢四十を越えてもなほ、未だにわづかに保ちえて来た或る幼なごころを、ああ、或はただひたすらに磨き育むのみに過ぎないであらうか。然しながら、かうした時、わたくしはいよいよ素直に還る。このわたくしのうしろに、いつも、わたくしは、永遠の母の目守りを感ずる。

（北原白秋『月と胡桃』序、昭和四年）

母親を聖化する教育書がベストセラーに

大正期は新中間層の母親に向けて、数多くの家庭教育書が刊行された時期でもある。なかでも女子教育家・下田次郎の『母と子』（大正五年）は、母を聖なる存在として賛美したことで主婦層に支持され、昭和五年までに二三刷を数える大ベストセラーとなった。欧米留学経験の豊富な著者は、聖書や仏教経典、西洋文学やおとぎ話など、古今東西の聖母エピソードを縦横に引用してみせた。そして女性にはこのような神性が潜んでいるのだから、育児という「道徳的修養」の機会に徳を積み、母の尊厳と栄光を手に入れよと、一般の母親層を鼓舞したのである。それまで家庭の中に閉じ込められて侮られていたのに、いきなり光を当てられ神様扱いされた女学校出の奥様たちが、自尊心をかきたてられたことは想像にかたくない。

母は創造の源であり、希望であり、感激であり、慰安であり、宗教であります。

（…）

なつかしきものは故郷であります。村の榎、鎮守の森、小川の流れ、野に山に、家に人に、故郷の、我れを繋がぬものはありません。而してその故郷の中心となり、憧憬《あこがれ》の的となるものは母であります。母の胎内こそは、我等の故郷であります。

（「一　母の讃美」）

宗教となった「母」も、やはり故郷（自然）と結び付けられている。しかし下田次郎は女子修身教育の第一人者ではあるが、同書でもキリスト教と仏教を同格に扱っているように、特定の宗教を信仰していたわけではない。なぜ「母」を宗教にする必要があったのだろう。

母は愛の化身であり、犠牲の標本であります。母を説くものは、勢ひ愛を説かねばなりません。「神は愛なり」とヨハネは言ひました。基督《キリスト》の説法は、愛の宣伝でありました。

（…）

母の生活は、絶えず与ふる生活であります。忍耐といひ、配慮といひ、犠牲といふ、皆他の為めに与ふるものであります。（…）母にはどことなく菩薩の相貌があつて、子には皆観音と拝まれるのも、愛の後光が射すためでありませう。

（「一〇　愛」）

当時の下田次郎が担っていた女子修身教育は、儒教道徳のもと女性の自我を否定し、忍従を強いるものだった。しかし文学に親しみ、西洋の価値観に触れ始めた女学校出の女性たちは、自我の解放を求めていた。そこで持ち出されたのが、人類の罪をあがなうために十字架に磔《はりつけ》にされたキリストの犠牲を女性の犠牲に重ね、慈悲深い観音菩薩を女性の忍耐に重ねることで、女性の忍従を聖なるものとして崇める母性信仰だったのではないだろうか。母性信仰は、自我に目覚めた女性を内発的に忍従させる装置ともなった。

子供の自由や個性を尊重する大正自由教育運動の旗手・小原國芳によるベストセラー教育書『母のための教育学』（大正一四年）も見てみよう。彼は「お母様のお仕事は苦しいに違いありませぬ」と読者の苦労をねぎらいつつも、「その苦しいなかに困難なかに、ホントの尊いものがあるのだと思います。どうか苦労してください」と積極的に自己犠牲を求めている。

すなわち乳を授けることをはじめ、母が一切を犠牲にしても、その子を手しおにかけて育て上げて行く苦労。それが母と子とをまた貴く親密にしてくれます。その間に自然、貴い母心が生れ、貴い教育も行われてゆきます。

（…）

実は、この子供のために、苦労する、心配するということが貴いのです。

（…）

もしや、自己の勝手や享楽や虚栄のために、家を外にし、子供と離れ、飛びはねている母があったら、なんという大罪悪でしょう！　ありったけの悪名と醜名を注いでも足りないほど、大きな罪人だと思います。かかる女こそは最初に地獄に行くべきです。

(「二　教育者としての母」)

ここでは下田次郎が提示した母性信仰からさらに進んで、子供自身の利益そっちのけで苦労そのものに価値を見出す観点が生まれている。「罪人」「地獄に行くべき」という言い回しからも、自己犠牲の求めにキリスト教の背景があるのは明らかで、事実、小原國芳はクリスチャンなのだが、それだけで育児以外の楽しみを持つ女性を地獄に落としたがるのは理解しがたい。

小原國芳の自伝『少年の頃』(昭和五年)によれば、父の事業の失敗で没落した元名家の三男として生まれた小原少年は、一家一〇人を一人の働きで養って三七歳で過労で亡くなった母と、両親の死後親戚から派遣されて家事育児一切を担ってくれた姉代わりの女性の力で、貧しい中でも学問を続けてきたという(偶然かもしれないが、北原白秋も小原國芳も九州の名家に生まれ、横暴な父の失敗により没落し、母が奮闘して支えていたという家庭の出身である)。この「姉」について、小原國芳はこう評している。「犠牲献身といふことを姉に教へられました」。自分の成功の礎に女性たちの犠牲があることを、肯定的にみているようだ。

急激な近代化の流れの中で学問をする機会を得て共同体を飛び出し、社会で自分の力を試す喜びを知った個人は、古い共同体に閉じ込められたままの「母」に後ろめたさを感じざるをえない。そこで「母は自分に犠牲献身することだけが幸せだった。女性とは皆そういう尊い生き物で、自分は尊い愛に値する尊い人間なのだ」という母性幻想に身をゆだねれば、罪悪感を自己肯定に転じることができる。母性幻想で後ろめたさを糊塗した個人にとって、都市文明に親しみ自分の人生を楽しむ母の存在は、自分の加害者性を思い起こさせ、自己肯定感をぶち壊す許すまじき罪人となるのである。

世の中で、母ほど感動を与へるものはありません。

（下田次郎『母と子』序）

かくて「自然」「伝統」「自己犠牲」からなる「母」は神にも似た超越的な存在となり、共同体から離れてさまよう個人が身をゆだねて「泣ける」コンテンツとなった。

明治国家はキリスト教を背景とするヨーロッパ文明を導入する際に、キリスト教の代わりに天皇制を学校教育で叩き込み、国民道徳の礎にしようとした。しかし上から抑えつける儒教的道徳では西洋文化を通じて自我に目覚めた若者に対応できず、学生の「堕落」を招いた。政府はあわてて修身の授業に「自我実現説」を導入したものの、目指すべき自己を根拠づける「神」的存在が不在だったため、煩悶青年を増やすばかりだった……というのは第一章でみてきたとおりだ。共同体から解き放たれた個人に道徳をインストールするには、内側からかきたてられるエモーショナルな動機付けが必要だった。そこへ入り込んだのが、家庭教育から父が退場し、母が子供に尽くすようになった明治中期以降に幼少期を送った大正時代の中上流階級の都市住民を涙させる「母性幻想」だったのではないだろうか。

母性による女性解放

ワーキングマザー伊藤野枝の嘆き

文学を読んで恋愛に目覚め、自我解放を求めたのは、良妻賢母教育や封建的な結婚制度に反発する若い女性たちも同様だった。明治末期から大正期にかけて現れたこうした「新しい女」たちの一人に、婦人解放運動家の伊藤野枝がいる。彼女は「多少文学的趣味によつて自我の覚醒を暗示された婦人」（伊藤野枝「自由意志による結婚の破滅」／『婦人公論』一九一七年九月号）として、親族が決めた結婚相手を振り切って英語教師の辻潤と情熱的な恋愛結婚をなしとげる。しかし憧れの先生と暮らす幸福感は、子供が生まれたことで終わりを告げる。子供を持って一人前になったと実感する野枝とは裏腹に、夫は育児には関わろうとしなかった。

彼の頑固なまでの利己的態度をはっきり見得るようになったのはその子供に対する態度からでした。私は子供が少しずつ育ってくるにつれて、彼にはとうてい頼れないと思ったのでした。自分がどんなに無力であるかを考えると私は心細くてたまりませんでした。しかし子供を持った三十を越した男が、今もまだ、自分が何をしていいか分らないといって手をこまねいているのを見ると情なくもなりましたが、どうかして自分がしっかりしなくてはならないのだという心持に鞭韃されるのでした。

(…)

私は子供の世話、家の中のすべての仕事、それにたべる心配から、自分の勉強、仕事とおっかけられるように忙しい生活をしていたのです。

そうしていながらも、私の心にだんだんに食い込んでくる考えは、Tが何のたよりにもならない事と、今自身の生活を変えなければもう一生重荷を背負って苦しまなければならぬという事でした。二人目の子供が生まれてからは私の家は私には一日一日に重さを増していく重荷でした。私が自分の境遇を悲しむときには、Tも間違いなく私の重荷でした。

(伊藤野枝「成長が生んだ私の恋愛破綻」/『婦人公論』一九二一年一〇月号)

現代のSNSに掲載されていてもおかしくない「ワーキングマザーあるある」だ。働いて自分の力を家の外で発揮したい「新しい女」は、成長過程で刷り込まれた妻としての務めも果たさずにはおれない。一方、あまり働きたくない「新しい男」は、たいていは労働以上に退屈な家事育児はもっとしたくないのである。このようにして破綻した恋愛結婚は決して少なくなかったのだろう。

一〇〇年の恋を急速冷却させた伊藤野枝は、辻潤と別れて家事育児を積極的に担うアナキスト大杉栄と「フレンドシップ」に基づく同棲生活に入る。そして「恋愛に対する不用意な惑溺」を反省し、自己を完成させるのは自己犠牲を伴う母性愛だという結論に至る。

かつては、他人のそうした生活に対して、ひそかに侮蔑の念をさえ持ったけれど、自分がその境地にまでゆきついた時に、私は子供のためには、どのような犠牲でもほとんど破格な安易さで払えるのを、何の不思議もなく、むしろ当然の事だとしていた。来るべき次の時代に立派に役立つような一人の人間を育てあげるという事が、どんなに光栄ある仕事だと考えられたか？　私は、母としての務めを出来るだけ完全に果すためには、自分のあらゆるものを犠牲にしてもいいと思った。自己完成——何年かの間、私の頭を去らぬそういう信条さえも、今は一人の母としての悔いを少なくするため、というふうに考えられてきたのだった。

（伊藤野枝「自由意志による結婚の破滅」／『婦人公論』一九一七年九月号）

子供から唯一無二の存在として求められる母親体験は、多くの女性に「かけがえのないわたし」が肯定されるという陶酔感をもたらす。自己犠牲を伴うことで、母性アイデンティティはさらに崇高なものとして彼女の中で確立するだろう（わがままだった私が誰かのために自分を犠牲にできるなんて！）。封建的な社会で対等な恋愛を実現することの難しさを知った新しい女性たちにとっても、母性愛は新たな自己確立の手段となった。

母性で女性解放を目指した平塚らいてう

「新しい女」ムーブメントの中心人物である平塚らいてうも、当初は「婦人の中心生命である恋愛」（「処女の真価」大正四年）で自我実現を目指していた。しかし恋愛関係に基づく自由な共同生活で自我を解放したいという理想も、子供を産んだとたん女性だけが自我どころではなくなるというジレンマに行き当たる。行き詰まったらいてうはスウェーデンの母性主義フェミニスト、エレン・ケイの思想にふれ、「母性」こそが新たな女性解放のキーになると考えた。子供は国家のものだから育児中の女性は国家が保護すべきと訴えるお嬢様育ちの平塚らいてうと、女も経済的に自立せえ！　とシバキ上げるスーパーワーキングマザー与謝野晶子との母性保護論争（大正七〜八年）は有名だ。有力誌で繰り広げられたこの論争をきっかけに、翻訳語として大正期に登場した「母性」という言葉は国民の間に浸透していく。

「母性」に目覚めても、青年画家・奥村博史との共同生活は苦しいものだった。窮地にあったらいてうを助けたのは、前節で紹介した自由主義教育家の小原國芳だ。彼もまた、エレン・ケイの影響を受けた母性礼賛者だった。玉川大学・玉川学園のホームページによれば、彼はらいてうの相談に応じ、奥村博史を自身が経営に関わる成城学園の美術教師として雇用したそうだ。さらに二人の子供を成城学園、玉川学園に無月謝で入学させたというから優しい。

大正時代の家庭崩壊論

母性こそが女性の価値だとする母性主義フェミニズムは、婦人参政権の要求に比べれば男性にとって受け入れやすい主張だったとみえて、バッシング一辺倒だった新しい女への風当たりは少しずつましになっていく。しかし自我をすべて捨てて子供に尽くすべき母親が権利を要求するなどもってのほか、とエクストリーム母性幻想でフェミニストを叩く論者もあらわれた。『教育より見たる女性と母性』（大正一四年）の著者である教育学者、福島政雄である。福島政雄は家庭の中心であるべき母親が外で働くようになった産業革命のせいで、家庭が崩壊しつつあると嘆く。家庭崩壊論が大正時代からあったとは驚きだ。家庭という概念が現れたのは明治中期以降のことなのに、崩壊までずいぶん早い。

久遠の母性とは何であるか。これこそ正しく宗教の世界である。（…）併しその母なるものは永遠の世界に覚醒するものである。そこにおいては吾人は一肉体人なる母を通してその母らしさによつて永遠の宗教の世界にふれて行くものである。即ち絶対犠牲としての母からして永遠の母性は出現するものである。エレン・ケイは母性を述べてをりながらその絶対犠牲の悩みを説くこと割合に軽いやうである。（…）吾人男子といへども、吾人の肉の母親を憶念することにおいてまざ〳〵とこれを感得することが出来る。（…）エレン・ケイは母のために権利を主張することは甚だつとめて居るけれども、肉体人としての母性の絶対犠牲の苦悩にこもる大なる力を見て居ることが少い。（…）而してこの苦悩こそはやがて肉体人としての母が永遠の世界にふれ久遠の母性の面影をやどすに至る縁である。

（福島政雄『教育より見たる女性と母性』）

明治二二年生まれの福島政雄は、自身の母親に尽くされた経験をもって「久遠の母性」を感得したようだ。したがってエレン・ケイに代表されるフェミニズムについても、「近時西洋の誤れる思想が伝来して」「東洋本来の深き思想に安住する女性は益々裏面にかくれて見えなくなつて来た」と否定的である。ノスタルジーにまどろむ母性幻想の住人にとって、権利の主張ありきの西洋思想にかぶれた女など異物でしかないのだろう。しかし「肉体人としての母性の絶対犠牲の苦悩」は、生身の人間にはハードすぎる。最終的に、現実の女性関係はまったくうまくいかなかったことを白状しているのが面白い。

吾人も亦深く省れば此の人生における淋しき人の一人である。詩歌の世界において女性を求めようとして幻滅し、夢幻の世界において女性に接してまたその幻滅に苦しむ。これはエレン・ケイの問題ではなく正しく吾人一人々々の主観の根本問題である。

（…）現実の吾人が男子として女性にめぐりあふことによつて味ふ世界は決して（…）楽観すべき世界ではなく、実に家庭こそはこの幻が強く従つてその幻滅が最も痛切なる場所である

（同『教育より見たる女性と母性』）

そりゃ妻ばかりに自己犠牲を強いていたら、現実の家庭生活はうまくいかないだろうよ、と納得の結論である。そもそも自分の母親そっくりな女性が現れたところで、その女性は我が子一筋に献身して夫を顧みないだろうから、母親のように尽くしてくれるはずもない。母性幻想、ひとたびハマったら慢性的な愛の飢餓状態に陥るおそろしいドラッグのようだ。

母性と愛国

北原白秋の愛国ソング

もっとも、母性幻想が生身の女性への幻滅で終わっているうちはいいのかもしれない。一九二三（大正一二）年の関東大震災を機に深刻な不況に突入し、愛国主義の風潮が高まっていくと、自然、伝統、自己犠牲を尊ぶ母性幻想がきな臭い方向に利用され始める。

真っ先にこの風潮にのって愛国ソングを作り始めたのが、童心主義の詩人・北原白秋だった。国家総動員体制に入ってからしぶしぶ戦争協力に走った文学者は多いが、北原白秋が前のめりに愛国に走った背景には、童心主義の第一人者ならではの芸術性に欠けた軍歌への怒りがあった。昭和二年発表の「芸術・自由・教育（幼児と環境）」ですでに、街中で聞えてきた「へろへろ軍歌」に腹を立て、我が子に聞かせるにふさわしい「日本の国威、国民性を颯爽と顕揚し、」「真の意味の祖国愛護の」「平和の為の真の軍歌」を作ると決意している。

「日本にムツソリニはゐないか。」
　よし、軍歌は詩人が作る。

（北原白秋「芸術・自由・教育（幼児と環境）」／『改造』昭和二年四月号）

やる気まんまんだ。これまでうたい上げてきた自然や郷土へのノスタルジーが、祖国愛に直結したのだろうか。その決意のとおり、昭和七年の『青年日本の歌』から昭和一八年の『大東亜戦争少国民詩集』まで、矢継ぎ早に戦意高揚詩集や愛国ソング集を刊行している。

母のをしへに身も魂《たま》も
君にささげた上からは、
我が機一つに艦《ふね》一つ、
撃つてうちぬけ体あたり。

空の魂《たましひ》、あの人たち、
少年飛行士健気だな。
　雷撃、爆撃、必中弾、
　ぐわんと捨身の体あたり。

（同「Z旗」より抜粋／『大東亜戦争少国民詩集』所収）

死をも畏れぬ、あの人たち、
少年飛行士若いんだ。
　生《き》の一本だ。無垢なんだ、
　凝つて鍛へた鉄なんだ。
（…）
雲の中ゆくあの人たち、
少年飛行士何見てる。
　たまに覗いた青空に、
　母さんの眼も思ふだろ。

（同「少年飛行士」より抜粋）

子供の自由を尊重するはずの童心主義が、なぜ子供を戦争に送り出す愛国詩に結び付いたのか。

他者との競争、自我を持った女性との恋愛からの逃避先である「童心」は、母と子が大自然の中で密着する他者のない世界だった。誰もが自我を国家に捧げて一つになるナショナリスティックな空間も同様に、他者の自我が存在しない世界である。加齢に伴い病に苦しむようになった白秋にとって、女性だけではなく自分とは異なる感性を持った子供や若者も、新たな脅威であったかもしれない。彼らが祖国のために自我を捨てて母親同様に

「無垢」「健気」な日本人になってくれたら、どんなに安心できることか。全員が自我を捨て一つになった美しい日本という幻想は、自我をまるごと抱擁して全肯定する母や故郷のイメージと結びつき、歌を通じて国民に伝えられていく。

『詩歌と戦争——白秋と民衆、総力戦への「道」』（中野敏男）によれば、一九三二（昭和七）年に自己犠牲的な死が美談として報道された日本陸軍の「肉弾三勇士」（または「爆弾三勇士」）をたたえる歌詞を二大新聞がそれぞれ募集したところ、合わせて二〇万件以上の作品が寄せられたという。若者の自己犠牲を礼賛し愛国心を鼓舞する戦意高揚ソングの担い手は、詩人や国家ばかりでもなかったようだ。本土空襲が本格化する一九四四年末まで、多くの日本人にとって戦争は感動コンテンツでもあったのだ。

一九四二年末に児童文化を統制する「日本少国民文化協会」が生まれるが、同協会の機関紙『少国民文化』一九四三年八月号で特集されたのは「戦ふ日本母性」だった。北原白秋とともに『赤い鳥』で活躍した児童文学作家の小川未明も、少年の視点で母親の自己犠牲的な愛を描いた「母は祖国の如し」を発表する。

かうして、少年は、母親の犠牲的な愛によつて大きくなりました。もし彼に、日本の悪口をいふものがあらば、顔を赤くして怒つたであらうが、また、彼の母について、何か批評するものがあつたら、彼は、直に躍りかかつてその者を打ち懲らさずには置かなかつたでせう。それ程、母は彼にとつて祖国の如く貴く、神聖で、関係は宿命で、絶対なものでありました。

（小川未明「母は祖国の如し」／『少国民文化』昭和一八年八月
※引用元は増井真琴「小川未明と日本少国民文化協会：日中・『大東亜』戦争下の歩み」）

小川未明は北原白秋と同様、母性礼賛から青年兵士の滅私奉公を称える戦意昂揚文学に傾倒した。父不在の家庭の一人息子として母親の強い愛情にくるまれて育った未明もまた、他者の自我と折り合いをつけることができなかったのではないかと思えてならない。

童心主義が育んだ郷愁は愛国心となり、母親だけではなく若者の自己犠牲をも取り込んで、国民全体を巻き込んで肥大化する。日本少国民文化協会と同様、文学者を国家統制するために生まれた団体「日本文学報国会」も、息子や夫を戦争で亡くした母を一流作家が訪問してそのけなげな姿を称える「日本の母」顕彰運動を、読売新聞紙上で展開した。

教育者の小原國芳は、自由教育を国民の錬成に結び付ける『国民学校案』を一九四〇年に刊行する。小原國芳は、日本の「美しき国土」「伝統の有りがたさ」を持ち上げながら、戦争に最も必要なものは「燃ゆる愛国心」であり、愛国心を培う教育こそが重要だと訴えた。「『おれに会ひたくば靖国神社に会ひに来い』と、何といふ崇い心でせう。この心が日本を勝たせてくれるのです」「ムスコの戦死をきいても、『国家の名誉ぢや、でかしやつたセガレ』と悪びれぬ母親。『この子の為です。てがらを立てゝ下さい。後は私が親孝行は致します』と涙一滴見せないでステイションに旗を振る雄々しき妻。何といふ有り難い国でせう！」「何といふ幸福な私たちでせう！　身も霊も捧げずには居れないのです」。ここでも自然、伝統、自己犠牲を尊ぶ母性幻想は、あっさり国家主義へと転化している。

国家主義化する母性

一九三〇（昭和五）年の文部省訓令「家庭教育振興ニ関スル件」を皮切りに、国家が家庭の母親を直接統制する動きが現れる。家庭教育振興において指導的な役割を果たした教育家の一人に、一九二八（昭和三）年に「日本両親再教育協会」を設立した上村《かみむら》哲弥がいる。クリスチャンである上村哲弥もエレン・ケイの影響下にあり、「此の世に母ほど尊いものはない」「母は神によつて任命された最大の教育者である」（「母性礼賛」／『生命を育むもの』所収）と語る母性信仰の持ち主だった。「母性の有つ此の神々しさは何処から来るのでせうか？　人間の中なる最も原始的な本能の欲求と最高の義務の感情とが、完全に調和されて余すところなき宗教的法悦となり切つたところにあるのだと私は考へます」（「聖なる母性　乳幼児の精神衛生」／『親たるの道：科学的進歩的な愛児の導き方』所収）と、本能としての母性愛を持ち上げた上村哲弥は、母親たちに向けて児童心理学などの科学的な知識を学ぶことによって神の姿である「母性」を体現せよと説く。

上村の主張には、留学体験で得た欧米的な子供中心主義と日本の封建主義をミックスしたところがある。従来の非科学的な育児法を否定する一方で、「古い伝統的な考へ方が社会から亡くなつてしまつた今日この頃は、やれ社交だ、それ会合だと、母親が子供を放任して家を空ける機会は著しく殖え」「教育制度としての家庭の勢力が殺がれ、その作用は尠らず破壊されつゝあるのであります」（『両親再教育と子供研究』）と、母親が外に出ることを戒めている。「実際今日の労働婦人の家庭は、教育的には極めて無力なものであります。否なむしろ教育破壊的なものであるといふ方が適当かも知れませぬ」と、働く母親にも否定的だ。ここでいう家庭とは、子供一筋に自己犠牲する母とほとんどイコールだろう。

核家族批判もすでに登場している。「我が国は家族制度の美を誇っていましたけれども「大家族生活は次第に廃れてゆく傾向が明かに窺はれます。家族の結束はやはりここにも分崩し破壊されつゝあるのです」（前掲書）。しかし大正九年の第一回国勢調査によれば、全普通世帯の過半数が核家族で、最も多いのは四人世帯（一五・一七％）である。家族が情緒的につながりあう近代的な家庭観が輸入されたのが明治二〇年代以降であること、当時の平均寿命の短さ（現代の半分以下である）を考え合わせると、結束する大家族が主流だった時代があったとは考えづらい。にもかかわらず家庭が「破壊」されたと繰り返し語られるのは、都市部高学歴男性の母性幻想が、「無垢でいられた母子密着時代」への郷愁だからだろう。それは常に「あらかじめ失われたもの」であり、自然や伝統と結び付けられるがゆえに、今を生きる母親は否定の対象となる。家庭の「破壊」言説はまた、権力が家庭教育に介入することを正当化する。これは現代の保守政治家やPTA上部団体が「核家族化や共働きの増加で子供がダメになった」式の家庭批判を繰り返す理由でもある。母親の組織化に力を注ぎ、会員に封建的な家族観を広めた上村哲弥は重用され、日本少国民文化協会の設立にも関わり常務理事、事務局長を務めた。

親学を彷彿とさせる彼の思想は、現代の道徳教科書にも生きている。本書の冒頭で紹介した道徳の定番教材「お母さんのせいきゅう書」（「ブラッドレーのせいきゅう書」とする教科書もある）は、上村哲弥が「子供と金銭教育」（『子供研究講座第九巻』先進社、昭和四年）の中で訳出した「牧師ヒユウ・テー・ケル博士」の「児童説教」をもとに再テキスト化されたものだ（ついでながら、「星野君の二るい打」の作者である吉田甲子太郎も、上村哲弥と同じく日本少国民文化協会に籍を置き、文学部会の幹事長を務めている）。

一九三七（昭和一二）年の国民精神総動員運動の開始以降は、一般女性の役割が国のために死ぬ皇国民を生み育てる「母性」に収束していく。

母性、育児、それは何といつても、最大至高唯一無二の女性の天職である。

（小野清秀『国家総動員』昭和一二年）

文部省社会教育局は一般の母親たちを国家的に統制すべく、全国の学校に「母の会」の設置を奨励する。一九三〇年代末以降は、行政区内の小学校「母の会」を取りまとめる「聯合母の会」の組織化も図られた。民俗学者の岩竹美加子氏は、「母の会」の目的は事業ではなく母親たちの奉仕による修養で、町内会や地域の社会教育課など縦横の組織に組み込まれて従属しているといった共通点から、現代のPTAの源流にこの「母の会」があるとみている（『PTAという国家装置』）。一九四二年には、文部省から「戦時家庭教育指導要綱」が発表される。これは母親たちに育児における母親の責務の重さを説き、個人主義を捨てて日本女性本来の「従順、温和、貞淑、忍耐、奉公」などの美徳で「皇国民」を育成せよと求めるものだった。子供たちを国家に命を捧げる皇国民として錬成するためには、まず全国津々浦々の母親に奉仕の精神を叩き込まねばならないと考えられた。

歌謡曲の世界でも、息子に対して名誉の戦死を遂げよと切々と歌い上げる「軍国の母」（一九三七年）を皮切りに、「皇国の母」「九段の母」といった軍国の「母」もの歌謡がヒットする。このほか映画や婦人雑誌、教科書などさまざまなメディアで、献身して育てた子供を国家に差し出す二重の自己犠牲によって母親が聖化される「母」ものがもてはやされ、一般国民に母性幻想を植えつけた。

母性保護論争時は子供は国家のものだと語っていた平塚らいてうは、『文藝春秋』一九三八年一一月号「戦時下の婦人問題を語る座談会」で、「女性が、というよりも母というものがこの事変以来持ち上げられてきた」ような気がすると、危機感を口にしている。座談会参加者のひとりフランス文学者の辰野隆も、「政治家側から母性愛というものを政策に利用しようというところは私は見えると思いますよ、確かに。それは警戒すべきだと思いますね」「それを母性愛というものに結び付けて愛国心を緩和すればというようなことから、政策的に見ても多少の意義があるのです」と、らいてうの警戒心に同調した。

一方、国家の母性推しは、女性の地位向上を求める知識階層の女性たちにとってチャンスでもあった。婦人参政権運動家の市川房江は論説「婦人は民族の母」（昭和一八年『戦時婦人読本』所収）で、「量、質とも優良なる日本民族を産み、育成」しようと女性たちに呼びかけた。日本女性の価値を家族にも国家にも自我を捨てて献身する「善妻慈母」にみた高群逸枝も、世界の家族化を阻害するものに対して聖戦をおこすのが女性の役割であるから、家族を戦場に送ることを読者に促した（「たをやめ」／『日本婦人』一九四四年一一月号掲載）。

アメリカで心理学の博士号を取得し、大政翼賛会にも参加していた高良とみは、「母よ!! 母よ!! 今祖国は、日本の母を呼び求めております。我が育てのいとし児らを、お国に捧げるとともに、自分の汗とまごころと生命を捧げつくして、国を護り民を高め、祖国を磐石の泰きに置かねばやまない、という覚悟のある母をこそ喚び求めております」（「国家・社会・家庭」／『これからの母・新しい母』昭和一七年）と、鬼気迫る勢いで我が子と自分の命を捧げよと煽る。

しかし解せないのが、学問をして知性を育んだ女性たちが、かわいがっている子供をそうやすやすと戦争に差し出せるものなのだろうか、ということである。戦後生まれのいち母親としては、「子供連れて山に逃げるとか考えなかったのかな?」という素朴な疑問が頭をよぎる。母親たちに進んで子供の命を奪わせた母性幻想とは、いったい何なのだろうか。

当時の女性たちがどのような理屈で子供を国家に捧げることを正当化したのか。溝上泰子の論説「国家的母性」でその一端をうかがい知ることができる。

このすべてをゆるす安らかな母性の愛の懐ろに包まれるとき、放蕩児はかえって己れの本然にたちかえる。

(…)

母胎に抱かれ、安らかに大地に横たわることによって、己れを無に帰せしめると共に、己れを客観的世界に飛翔せしめるのである。母の懐ろに眠る絶対的なるものへと己れを超出せしめるのである。事業に失敗したすでに禿頭の子を一夜添寝してやる母のすがたのなかに、我々はもはや肉としての母を見出すことはできなくて、己れを無にして客観的精神を具現する神々しい母性を見るのである。国家的母性においてはそれは国の精神の現実化である。これによって抱擁されるが故に、子が主体性を超出して、高く清く客観の世界へ飛躍するのである。母性愛とはかかる抱擁であり、母が子を包むこと、母子が客観的なるものにおいて一体になることである。

(『国家的母性の構造』昭和二〇年)

国家的母性とはふるさとであり、自然であり、伝統であり、つまり国の精神が実体化したものである。したがってお国のために死んで無になるということは、自我の目覚めによって母の抱擁から離れた子供が再び母の胸に戻って、永遠に一体化するということだ。この美しいイメージがさまざまなメディアを通じて流布されたことで、子供の命を差し出すことが美化されたのだろう。そしてまた、多くの若者たちも「護国の鬼」となって母の胸に還ることを信じて死んでいった。

「死ぬとき、『天皇陛下万歳』という兵士はいなかった。みんな『お母さん』と言って死んでいったんだよ」

出征した男性の証言として、しばしば目にするこのような言葉も、「国家的母性」を読んだあとだと、空恐ろしいような気になる。

自我を捨てて子供に尽くす「母」は美しい。だからこそ恐ろしい。戦後、愛国心には警戒が払われるようになったが、母性幻想は無批判のまま生き延び続けて少子化を招いている。母性幻想に取り巻かれる現代の一個人が再びファシズムに巻き込まれないためにできることは、自我や自意識がまったく美しくなく、みっともなくて目が当てられないものだとしても、そういうものだとして面白がって愛し、他人のそれもまた愛することではないだろうか。私たちは皆それぞれに自我のある個人で、黙るのでもなく黙らせるのではなくぶつかり合いながら、どうにか調整して生きるしかないのだ。「母親だから」と母性幻想の持ち主に自己犠牲を求められたら、ふてぶてしく突っぱねて、女や母親にも自我があることに慣れていただこう。それが世界平和への道だと考える次第だ。

母にも告げずひとに秘め、
待つたはただにその最期、
天皇陛下万歳と
そろつて死ぬるその誓。
（…）
時を待つ間《ま》の手あそびと
寄木細工はどうしたぞ。
ああ、母さんと一言葉
誰が言つたか誰しらず。

（北原白秋「九軍神」より抜粋）

第三章 感動する「道徳」

二分の一成人式とママへの感謝が育むもの

母、二分の一成人式でJ-POPを歌う

ついに我が家の長女も噂の「二分の一成人式」に参加することになった。ここ十数年で急速に普及した小学校行事なのでご存じない方もいるかもしれないが、二分の一成人式とは小学校四年生の子供たちが親への感謝を読み上げたり、将来の夢を語ったりする親子参加型の学校行事である。ベネッセのアンケートによれば、保護者の九割近くが「満足」と回答するぐらい親ウケがいいそうだ。

一方で、被虐待児や死別・離別家庭で育った子供、両親のいない子供への配慮の欠如といった問題も、識者によって指摘されている（内田良『教育という病』）。「練習がめんどくさい」以外にも、何かと問題を抱えた行事なのだ。

私が参加した「二分の一成人式」は、一人一人が親への感謝作文を読み上げる代わりに、教師が用意した「親への感謝」シナリオを群読で暗誦するスタイルで進められた。さまざまな家庭環境の子供への配慮だろうか。しかし大人が考えた感謝セリフを我が子が棒読み

しているのを聞かされても、さすがに一〇年以上子育てしているスレッカラシの親たちは感動して涙したりはしない。子供たちも怒られない程度に、控えめな半笑いを浮かべている。群読が終わると、お返しに親たちがあらかじめ指示された当たり障りのないＪ－ＰＯＰを合唱する。中年が歌うＪ－ＰＯＰ、ありがたいか？　大福でもあげたほうがいいんじゃないか？　多くの親が口パクでごまかし伴奏ばかりが目立つ中、これ以上寒々しさに拍車をかけてはいけないとまじめに歌ってしまう自分が悲しい。「これはいったい誰のためのイベントなのか？」という疑問は、ふくれあがる一方だ。

「二分の一成人式」はいつから広まった？

私の子供のころには影も形もなかった謎イベント「二分の一成人式」、いったいどのように全国に広がっていったのか。明治図書の教育記事データベースで検索してみると、まず『楽しい体育の授業』二〇〇三年七月号に「10年前から提唱してきた『〝2分の1〟成人式』の取り組みが、いま、ものすごい勢いで全国各地に広がっている」という記事がある。執筆者のクレジットは岐阜大学の近藤真庸教授。この先生が拡散元なのだろうか。

記事の内容は、「自分の思い出の品物についてスピーチ」「10年分の自分史づくり」「10才の地域デビュー」「10年後の自分への手紙」と、子供個人が自身のアイデンティティを確認する作業に終始している。親の参加は想定されておらず、親への感謝の強要や家庭のプライバシー侵害といった、昨今指摘されるような問題性は希薄だ。これは「総合」の授業案として書かれたものらしい。

「総合」の授業例に過ぎなかった二分の一成人式に「親への感謝」要素が加わり、親子参加型の行事になったいきさつを知りたい。さらに探していくと、教育雑誌『教室ツーウェイ』二〇一〇年一〇月号の「子どもの成長過程で節目イベント―子ほめ条例、1／2成人式、立志の式」特集に行き当たる。

「二分の一成人式を全国に広めるための動きをつくろう。」(谷和樹)で紹介されている二分の一成人式は、「親への感謝の手紙を読み上げる」「お母さんの涙」「感動の盛り上げ」といった、昨今問題視される要素がすべてそろっている。これを全国に広めたがっているのは誰なのか。

「『二分の一成人式』それは子供たちの成長の節目としての十歳を祝うイベントである。TOSSはこれを推進してきた」。

「親への感謝」イベント化の黒幕はTOSS

TOSSとは、親学推進協会と関係の深い保守系教員団体で、「江戸しぐさ」「水からの伝言」「EM菌」を教育現場に広めたとして、エセ科学批判界隈にもおなじみの存在である。「発達障害は日本の伝統的子育てで治る」という医学的根拠のないトンデモ脳科学で批判された親学となじみ深いだけあって、先ほどの二分の一成人式の記事にも、「発達障がいの子どもが変化する」という項目がある。黒幕が親学系のTOSSなら、理想的な家族像以外の家庭に配慮できないのも道理である。

さきほどの同特集の別記事「TOSS二分の一成人式10000人プロジェクト！ サマーセミナーで1000人が感動し、涙した二分の一成人式のオフィシャルHPも完成」では、「親への感謝」手紙の指導方法が語られているのだが、これもなかなかえげつない。たとえば「文末を『よ』『ね』にする」と、子供の作文の文末を無理やり変えてしまうのだ。

例えば、次のように変化させます。

■お母さん、ぼくが病気の時に看病してくれました。うれしかったです。

↓

■お母さん、ぼくが病気の時に看病してくれました**ね**。うれしかった**よ**。

これだけで全く違った手紙になるのです。

そして、手紙の最後に次の一文を加えます。

お母さん、大好きだよ。

（『教室ツーウェイ』二〇一〇年一〇月号）

そこを勝手に書き加えたらダメだろう。

どうやらTOSSの教員たちが「親への感謝」をキーに「二分の一成人式」のアイデアを拡充して全国に広めているらしい。TOSS教員が指導案を共有するサイト「TOSSランド」で「2分の1成人式」を検索してみると、台本がいくつも出てくる。「病気になった時は　いつもそばにいて　看病をしてくれましたね」「不安なときも　やさしく見守ってくれたおかげで　安心できたよ」「毎日　おいしいご飯を作ってくれて　ありがとう」「お家で食べるご飯は　世界一おいしいよ」「そうじや　せんたく　身の回りのことをするのはたいへんだったでしょう」「家族のために　毎日　遅くまで働いてくれて　ありがとう」「なのに　たくさん　困らせてしまって　ごめんね」「僕（私）たちを　産んでくれて　ありがとう」などと親への感謝を一人ずつ暗誦させる群読シナリオがメインだが、中には劇仕立てになっているものもある。


（子ども）僕たち10年間の間にいろんなことがあったね。

（子ども）20歳になったらみんなどんなふうになっているんだろうね。

（子ども）いつまでも友達でいようね。

（子ども）20歳の成人式でも、こうやってみんなで会おうね。

（全員）　さんせ～い！！お～！！

〈一人ずつ順に夢をスピーチしていく。バックミュージックは「夢をあきらめないで」（岡村孝子）〉

〈「夢をあきらめないで」の2番から、みんなで歌う。〉

手をつなぎ、フィナーレ。

幕

（『ぼくらの1／2成人式』・劇脚本」より抜粋）

本稿を横から覗き見た長女が「地獄かよ……」とつぶやいた。親子の心が一つになった瞬間である。子供時代にこんな寸劇をやらされなくてよかった。親を飛び越して時代に感謝してしまいそうだ。親への感謝を無理やり言わせるだけでは親を泣かせるに足らないのか、「泣いてしまいそうな感動的な歌を歌う」「発表中は、オルゴールのやさしい曲を流し、雰囲気つくりをした」「『10年前に流行した音楽』をBGMとして静かに流す（…）10年前を音楽で自然に思い出すことができる」と、音楽で泣かせようとする演出も目立つ。出生時の流行歌といっても「きよしのズンドコ節」などではなく、感動J-POPオンリーだ。まるで結婚式みたい。

TOSSの「2分の1成人式及び立志式のホームページ」も見てみよう。「感動的な式にするための準備物」の欄には、「ウェルカムボード」「パソコンやプロジェクター」「親への手紙」「赤ちゃんの頃の写真」などが挙げられており、まさに結婚式そのものである。この手の結婚式カルチャーが嫌すぎて自分の結婚式すら挙げずに済ませたのに、まさか小学校で巻き込まれるとは。

続く「学級のドラマを演出する〝技〟」欄では、「親を泣かせる歌とその指導法」というストレートなタイトルのコーナーもある。「この選曲1つで、親を泣かせられるかが左右される。とても大事なことだ」。「親を泣かせるベスト3」で挙げられているのは、「未来へ」（Kiroro）「世界が1つになるまで」（Ya-Ya-yah）「ビリーヴ」（杉本竜一）と、J-POP尽くし。

スライドショー上映時も「雰囲気を高めるBGM選曲」に気を配らなくてはいけない。ここでもKiroro「未来へ」が大プッシュされている。「全国各地の2分の1成人式でも使われている人気の曲である。歌詞がいいので、スライドショー鑑賞時にかけると保護者の涙を誘う。歌ってもよし。リコーダーで演奏してもよしのイチオシ曲である」。TOSSがこんなにKiroro好きだとは知らなかった。Kiroro好きはかまわないが、なぜそんなに親を泣かせたいのだろう。

同サイトには、二分の一成人式の意義として「教室の中でもかなりのやんちゃ者」で「1・2年生のころは周りの子への乱暴やケンカでよく問題になっていた」男子が式の後に更生したという事例が紹介されている。

自分の生きてきた10年間を振り返り、親への感謝の言葉を述べているときである。S君の言葉がつまり始めた。目には大粒の涙があふれていた。涙で言葉が出ない。参観していた多くの保護者も涙。教室はシーンと静まりかえり、S君の嗚咽《おえつ》と保護者や子供たちのすすり泣きの声だけが響いた。（…）そんなS君が目の前で泣きながら母親への感謝の言葉を述べているのである。たくさんの保護者に囲まれた中での厳かな雰囲気。初めて迎える人生の節目。決意表明の原稿を作成する過程で湧きあがった親への感情。それら全ての結集が彼の心を強く揺さぶった。その後、S君は明らかに変わった。友達とのトラブルが激減した。悪いことをしても素直に反省の言葉が出るようになった。

（「TOSSが推進する1/2成人式立志式」より抜粋）

さらに医学的な意義として、児童が「情緒的な整理」「特に保護者との関係を整理」することで、思春期の大きな揺れに備えた土台を作ることができるという大学教授のコメントが添えられている。

「親への感謝」によって、問題要素を抱えた児童が思春期に本格的な不良になる前に更生させるというところに意義があるようだ。

「内観法」と「二分の一成人式」の共通点

そこで思い出すのが、『日本人と母―文化としての母の観念についての研究―』（山村賢明）で紹介されていた、日本独自の非行少年矯正教育法「内観法」である。大正生まれの僧侶である吉本伊信によって創始された心理療法「内観法」は、昭和三〇年代より全国各地の刑務所・矯正施設で採用されるようになり、犯罪者を改心させてきたという。

「内観法」とは、簡単にいうと自分と関わりの深い他者（多くは母親である）に対して、自分がどうであったかを語らせるという療法だ。母親に何をしてもらったか。それに対して自己はどのようであったか。どのような迷惑をかけたか。この作業を経て、自分は母の恩を返せていないという罪の意識を内面化させる。最終的にそのような自己でも許容してくれた母親に感謝することにより、社会に復帰させるという筋書きだ。本格的な内観法は複雑な手続きがあるらしいが、内観法の一般向け解説書『お母さんにしてもらったことは何ですか？』（大山真弘）では、犯罪者に限らず、多くの人が母親にしてもらったことを振り返ることで生き方を変えることができるという。刑事ドラマの犯人説得シーンでよく見る「故郷のおふくろさんは泣いてるぞ」に近い。母親は子供のために自己犠牲するものだという母性幻想ありきの、日本ならではの心理療法といえる。

これは学校現場にも取り入れられていると同書には記されていたから、二分の一成人式はその末裔のようなものだろう。哀れな母親をテコに、罪の意識から更生にいたらしめる。要するに私たちは子供の言葉に触発されて泣くことで、刑事ドラマにおける「故郷のおふくろさん」になるわけだ。ママはこんなに苦労してお前に尽くしてるんだから、不良にならないでおくれよう、ヨヨヨ。

涙ひとつで子供の不良化が防げるなら安いものともいえるが、今を生きる子供たちは、大人の逃避先である母性幻想ノスタルジーとは無縁である。語尾を「よ」「ね」に無理やり変えさせて「童心」を演出したところで、子供たちはしらけるだけだ。母に尽くされた大人にとって内観法がキリスト教における罪の意識に近い道徳観の内面化に効果的であるとしても、多様な背景を持つ子供たちに衆人環視のもと強制していいものとも思われない。誰もが安心して学業にいそしめるよう、われわれは教育現場の結婚式場化を食い止めねばならない。ストップ・ザ・Kiroro。もっと哀しい瞬間に涙はとっておきたいの。斉藤由貴世代のお母さんからの伝言である。

コラム①

群読の起源

「楽しかった」「修学旅行」「何度も練習した」「運動会」「いつも支えてくれて」「見守ってくれて」「ありがとう」「私たちは今日」「〇〇中学校を」「卒業します」

卒業式や二分の一成人式でおなじみの群読（「呼びかけ」ともいう）、よくよく考えてみれば謎の風習である。海外の学園ドラマなどではついぞお目にかかったことがない。あの独特の間と抑揚はなんなのか。どうして集団で同じ思い出を語らなければならないのか。悲喜こもごもあっての思い出なのだから、「クラス一丸となって隠蔽した」「いじめ事件」「みんなで吐いた」「異物混入給食」といった事件簿を盛り込んでもいいじゃないか（ダメか）。

『体験的児童文化史』（滑川道夫）では、この「群読」という言葉が使われだしたのは戦争中だったという体験談が語られている。言い出しっぺは、大政翼賛会の文化部長だった劇作家の岸田國士ら文化系インテリである。彼らはヨーロッパ経験をもとに、愛国詩の朗読運動によるプロパガンダを進めようとした。大政翼賛会文化部は、北原白秋ら有名文学者による戦意昂揚詩や愛国詩を集めた冊子「朗読詩集」を編集する。あわせて大政翼賛会文化部とその協力団体として組織された日本文学報国会による愛国詩の朗読が、ラジオで放送されるようになった。大政翼賛会が愛国詩を家庭の団らんや隣組の会合などで朗読するように勧めたことで、地方の大人たちの間で詩の朗読運動が広がる。これは戦争に向けて国民を一体化する役割を果たしたようだ。

学校教育の場では、大阪の中学校教師であった榊原美文《よしふみ》によって国民詩の群読が進められた。彼は儀式の中で戦争を賛美する詩を群読・集団朗読させることが、生徒たちの訓練に効果的であるとした。いわば軍事教練としての群読である。

有本真紀『卒業式の歴史学』によれば、現代のような「呼びかけ」(群読)が卒業式に取り入れられたのは、戦後かららしい。呼びかけを広めたのは、群馬県佐波郡島村立島小学校の校長だった斎藤喜博である。一九五二年に同校の校長に就任した斎藤は、恵まれた家庭の子供だけがスポットを浴びる学芸会や形式的な学校行事を嫌い、一九五五年の卒業式から生徒一人ひとりにセリフを与える台本を作成した。「思えば、長い年月……」「いろいろなことがあったなあ」「旅行の時、鎌倉の海岸で貝を拾ったっけ」。戦時中は愛国心を煽るために使われていた群読は、戦後は集団ノスタルジーを創造する「涙の卒業式」作りに一役買うことになった。斎藤自身は呼びかけ形式をあくまで過渡期的なものとみていたため、一九六一年に呼びかけを廃止する。しかし子供たちが泣き崩れる卒業式は戦後民主主義教育の在り方を模索していた多くの教育関係者にインパクトを与え、群読は次第に全国の学校に広まることになった。「感動」を重視する斎藤喜博の教育論に影響を受けた教育者の一人に、TOSS代表の向山洋一氏がいる。TOSSが指導する二分の一成人式が感動ありきなのも、ここにルーツがあったのだろう。

巨大組体操は誰のため？

誰も得をしない不条理な組体操

二分の一成人式と同様に、ここ一〇年で急速に広まって問題視されている学校イベントに巨大組体操がある。組体操の問題はわかりやすい。後遺症が出るほどの事故が毎年のように起きているからだ。子供からの感謝でイイ気持ちになれる二分の一成人式と違って、我が子が大けがするリスクを負ってまで組体操で感動したい親は、さすがに少数派だと信じたい。

先生にしたって、指導がめんどうなうえに訴訟リスクがバカ高い組体操なんて、できれば避けたいと考えるのが普通ではないだろうか。一見すると子供にも保護者にも先生にも利益がなく、リスクだけは異常に大きい巨大組体操が瞬く間に全国に広まったのは、まったく不条理に思える。こちらも黒幕がどこかにいるのだろうか。

組体操の話題を追いかけても、いまいち誰がやりたがっているのかが見えづらい。先生は「やめたくても保護者ウケを考えるとやめられない」と言い、保護者は「組体操をやめさせたいが学校が取り合ってくれない」と愚痴る。経験者はもちろん「つらかった」と語る。あるとき、組体操の記事のコメントでこんなツイートを見かけた。「うちの地域では『保護者ウケがいい』ではなく『地域ウケがいい』だった」。「地域」、子供が小学校に上がったとたんやたらと目にするワードだ。

小学校の運動会では、観覧正面側がテント付き、椅子付きの「来賓席」「敬老席」に占拠されていることが多い。父母会役員の誘導で、正面の席をクラスごとに譲り合って鑑賞していた保育園の運動会とは大違いだ。小学校の運動会でPTA役員がすることといえば、来賓へのお茶くみ接待である。まるで運動会自体が、地域の有力者接待のために存在しているかのようだ。

江戸時代は書道ライブが運動会代わり

『近代教育の天皇制イデオロギー——明治期学校行事の考察』(山本信良、今野敏彦)によれば、子供が競い合う姿を地域住民が鑑賞したがるのは、今に始まったことでもないようだ。江戸時代の寺子屋では、「席書」と呼ばれる書道大会が一大イベントだった。晴れ着を着た子供たちが、前もって練習しておいたお手本通りに大筆をふるって書を完成させる。この日は父兄のみならず地域住民が多数集《つど》い、戸外から師匠や子供たちのテクニックを品評する。盛んなところでは周辺に縁日が立つこともあったらしいから、現代の運動会以上の盛り上がりだ。

運動会ではなく書道ライブなのは、寺子屋には体育がなかったからである。藩士の子弟の教育機関である藩学でこそ、武士の教養として武術の稽古が重視されたが、寺子屋では習字がメイン教科で、子供たちが自主的に始める遊びが体育代わりだった（そのうちの一つである綱引きは、今も運動会に受け継がれている）。

明治期に学制が敷かれても、すぐに体育や運動会が根付いたわけではない。設立当初の小学校には運動場は整備されておらず、明治一〇年頃までは体育といっても、戦争ごっこや相撲など、寺子屋と変わらない遊戯でお茶を濁していた。知育重視だった明治一〇年代までの小学校において、地域住民が集まるメインイベントは、習字、作文、図画、裁縫、編み物といった生徒の作品を展示する「教育展覧会」だった。西欧の理化学器械、博物学標本、幻燈なども一緒に展示されていたというから、ちょっとしたミュージアムみたいなものであったのかもしれない。子供たちも賞品や称賛目当てに徹夜で作品を仕上げたり、親が手伝ったりと気合をいれていたらしい。

運動会普及のきっかけは「兵式体操」

国家の教育方針が知育重視から徳育・体育重視に変化する明治中期より、全国の小学校に運動会が普及するようになる。そのきっかけは、初代文部大臣・森有礼《ありのり》が小学校に軍隊の規律と秩序をもたらすべく導入した「兵式体操」である。
「従順ノ習慣」「相助ノ情」「威儀」（「兵式体操ニ関スル建言案」明治二〇年）を養成する兵式体操の披露の場には運動会がふさわしいと考えた森有礼は、全国の学校を巡視して運動会の開催を奨励した。大臣や政府高官がやってくるということで、各地の小学校はあわてて運動会を開催することになった。

初期の学校には運動場が必須ではなかったため、野原や海辺、丘、寺社など学校から遠く離れたところで複数の小学校が合同で行う連合運動会が主流だった。子供たちはラッパを吹き鳴らしながら隊列を作って会場へと移動する。これも兵式体操の実践となった。会場で行う競技も、綱引きなどの従来からある子供の遊戯のほかに、徒手体操といった兵式体操由来の体操が取り入れられていた。今も運動会で軍隊のような行進を訓練させられるのも、スポーツ技能を競うより見世物の要素が強いのも、個人競技より団体競技がメインなのも、当時の名残だろう。小学校運動会はその起源からして、学校が子供たちに従順さと団結心を仕込んだことを偉い人に披露するためのイベントだったのだ。

それでも運動会は娯楽の少ない子供たちにとっては楽しいイベントだったし、親や地域住民にとってもそれは同様だったろう。初期の運動会のメインは、合戦を模した「旗奪」だ。子供たちが紅白など何色かの軍に分かれ、旗に仕立てた竹を自分たちの陣地に数十本立てる。それらを隊列を組み、口で鉄砲の音を出しながら奪い合う競技である。当時は学校対抗運動会だったこともあり、地域住民も観覧して町ぐるみ村ぐるみで子供たちを応援していた。近所のちびっこたちの合戦を応援するのは、作品をただ眺める展覧会より楽しい娯楽であったに違いない。今でも運動会が紅白で競い合うゆえんだろう。

一方、明治一八年に東京大学で行われた運動会は、陸上個人競技をメインとした欧米の競技会のような体裁で行われている。エリート校の運動会は、純粋に運動技術を競いあうものだったようだ。余談だが、戦前まで旧制中学だった私の出身高校の体育祭は、練習も行進も一切なく、運動技能に長《た》けた生徒によるアマチュアスポーツ大会に近いものだった。中学までの運動会との違いに驚いたものだが、今思えば、旧制中学に通うエリート男子は調教の対象ではなかったということだろう。

楽しいナショナリズム運動会

明治二〇年代半ば以降、子供の遊戯に軍隊の行軍要素をプラスした運動会が少しずつ変化する。背景に、森有礼の中央集権的・国家主義的な教育政策と日清戦争があった。

教育勅語発布の翌年に制定された「小学校祝日大祭日儀式規程」は、祝祭日に小学校の教員・生徒一同が式場に集まり、御真影（天皇・皇后の肖像写真）への最敬礼と教育勅語の奉読、校長の訓話、唱歌の合唱などを含めた儀式を行うことを定めたものだ。儀式が義務付けれられた祝祭日のひとつに一一月三日の天長節（明治天皇の誕生日）があったことから、気候のいい天長節に運動会を行う小学校が増えた。日清戦争中の明治二七年一一月に行われた三樹小学校（兵庫県美嚢郡）の天長節運動会は、こんな段取りで進められた。

教育勅語奉読
御真影を拝む
午後　運動会スタート
敵国軍艦の模造品２隻を児童が焼く
警官の消防演習

河原で軍艦を焼く運動会、シュールな光景である。しかしこの天長節運動会は天皇誕生日を祝すものものしいイベントとなったこともあって、来賓は郡長、警察署長、町長、学務委員、郡吏、警官、裁判所吏員と、地元名士が勢ぞろいしている。もちろん地域住民の参加も多かった。明治二八年に青森県の小学校で行われた「碇ケ関《いかりがせき》尋常小学祝捷大運動会」では、子供たちが軍歌を歌いながら行進し、数百の中国国旗が風に飛ばされた。飛散する国旗を中国の敗走に見立てたこの出し物に、数千人の見物人が拍手喝さいしたという。続いて行われた中国兵の首に擬した数百の「揚げ鞠」を風に飛ばして笑い物にする出し物は、さすがに悪趣味が過ぎるように思えるが、当時はバラエティ番組のような感覚で受け止められたのだろうか。地域対抗の戦争ごっこだった運動会は、国家間の戦争と結びつけられ、ムラの祭りがもたらす帰属意識を国家へと拡大するイベントとして機能するようになった。

明治三三年の小学校令で屋外の体操場設置が必須になったこともあり、明治三〇年代後半にはほとんどの小学校で運動会が行われるようになる。明治三七年刊行の『各種学校運動会競争遊戯全集』を見ると、「二人三脚」「百足競争」「騎馬競争」「障碍物競走」「綱引き」といった運動会の定番競技がすでに誕生していることがわかる。『運動会と日本近代』(吉見俊哉、白幡洋三郎、平田宗史他)によれば、初期の中学校の運動会でニワトリを捕まえてシメる競技「家鶏争奪競争」を実施したところ、客席にニワトリが逃げ込み大騒動になったそうだから、試行錯誤を経て校庭で実施しやすい競技がこの頃に固まったのだろう。

校庭で軍艦を焼くのはさすがに無理としても、「軍艦競争」「武装競争」「城の占領」「凱旋」「航海競争」「名誉の大将」「戦闘遊戯」と、軍事色豊かな競技も目立つ(障碍物競走も、もともとは軍隊の教練用カリキュラムである)。また来賓の控所は決勝点の近くに設置すべしという注意書きもあり、「運動会は第一に来賓に見せるもの」という意識もすでにあったようだ。運動会は地域ぐるみの楽しいお祭りとして民衆を集めてそのエネルギーを軍国主義や天皇制へと吸収し、併せて地元の有力者の威厳を示す重要なイベントになった。

組体操の元ネタは兵式体操の人間はしご

大正以降、兵式体操は「教練」と名前を変え、第二次世界大戦の激化で運動会がなくなるまで、運動会の花形であり続けた。

運動会のきっかけとなった兵式体操は、どのようなものなのか。『兵式体操教範』（明治四〇年）を眺めていたら、「人梯《じんてい》」という組体操の人間ピラミッドのような体操を見つけることができた（図1）。これは戦場で高い崖などを乗り越えて進軍するための訓練らしいことが、図2からわかる。

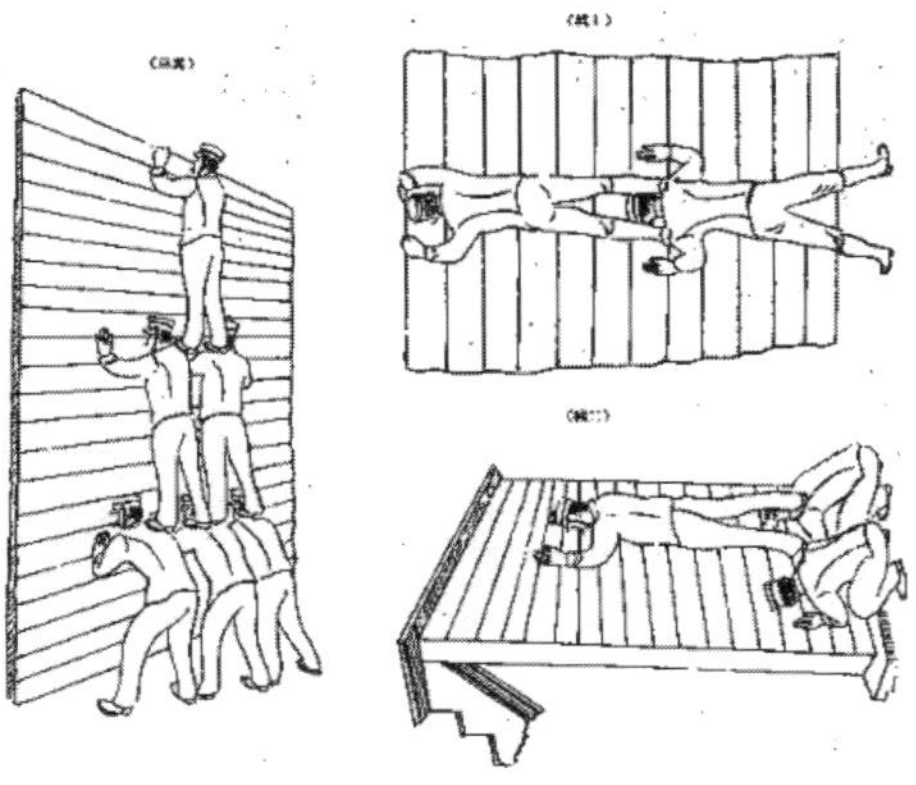

（図１）人梯図１

（図２）人梯図２

この「人梯」は、明治四五年の鳳鳴義塾（現・兵庫県立篠山鳳鳴高等学校）の運動会プログラムや、おそらく大正時代に撮影されたとおぼしき「函館師範学校創立記念第三回陸上大運動会」写真、昭和一七年の広島陸軍幼年学校の運動会写真にも登場しており、戦前から運動会の出し物になっていた（写真ではいずれも三段タワーである）。組体操は、なんのことはない由緒正しき兵式体操の復活だったのだ。

ということは、巨大組体操は国家による戦前回帰ムーブメントの一環？　集団のために命をかけられる兵隊を養成していることを偉い人に見せるためのもの？　いや、それはさすがに単純すぎる見立てだろう。将校候補生が通う陸軍幼年学校ですら人梯は三段だし、むしろ戦前の当局は過剰に祭礼化した運動会を批判し、授業そっちのけで準備に時間を割くことを戒めていたからだ。たぶん目的は、現代ならではのものである。

学校事故を取材する『部活があぶない』の著者・島沢優子氏は「（学校事故の）裁判になると『学校を訴えるなんて』と、周囲からバッシングを受けることのほうが多い」という（東洋経済オンライン「それでも繰り返される「組体操事故」の実態　やむなく裁判に至った親子が訴えたいこと」）。おそらくこれこそが、組体操に求められていることである。

指導する先生も、競技する子どもも、それを見守る保護者も、地域の住民も、感動の拍手を送る。もはや組体操は、運動会の花形種目という言葉だけでは表現しきれない。その場全体を涙に包む、感動系スペクタクルである。

（内田良『教育という病』）

理不尽な苦役を集団に課せば、人々はやり遂げたことに達成感を抱く。「個」を消して大きな集団に身をゆだねるカタルシスが場を支配する。そうなれば逸脱者が現れても、統治者が手を下すまでもなく、「自分たちの感動を壊すとは何事か」と同調圧力を働かせて攻撃するようになる。建前としては民主主義を標榜しながらも大衆を従属させたい統治者にとって、これほどありがたいことはない。

実際に組体操をやめようという動きがあると、PTA幹部から否定されるという話もよく聞く。二〇一六年に行われた組体操をめぐる東京都の有識者会議では、東京都公立中学校PTA協議会総務財政委員長が「中止の方向でいくのは簡単だと思うが、続けていけるように何をしていくかを考えていくべき」と組体操継続を支持している。本来であれば保護者代表として子供を守る立場に立つべきPTAが、組体操を続けさせたがるのはなぜなのだろう？

これもPTAが組体操同様、保護者から「個」を消すための装置であるからだ。PTAの活動にベルマーク貼りや誰も読まない広報誌づくり、来賓へのお茶くみ接待といった意義の薄い作業が多いのも、そもそものための組織だと考えれば納得しやすい。ペットボトルがどこでも買える時代にお茶くみ接待を強制することで、母親たちに学校・地域に従属する存在であることを叩き込むことができる。このような理不尽を乗り越えた共感で絆を強めた集団は、従属的でない保護者を共同体感情を乱す存在として積極的に攻撃するだろう。PTAの存在意義は、活動そのものにではなく、危険な組体操や事故、いじめ、学校にまつわるあれこれを告発しようとする保護者が現れたときに、保護者間で同調圧力をかけることにある。

また巧妙だと感じるのが、誰かがケガをしても、「その子のために、みんなが一致団結するんだ」っていう物語をつくってしまうところ。よくあるのが、誰かが骨折で入院したりすると、クラス全員からの手紙を届けるんですって。それを読むと、親も子どももジーンとなって、すべてを忘れるっていう。すごい技術だなーと思って（苦笑）。

（東洋経済オンライン「学校はなぜ「巨大組体操」をやめられないのか〝保護者が望んでいるから〟は本当か？」より内田良氏の発言）

体罰が許されなくなった二一世紀の学校が代わりに見つけた〝感動統治〟の手法、それが巨大組体操であり、二分の一成人式なのではないだろうか。それらを推進しているのは、特定の集団というよりも、「感動」して「絆」を深めたい保護者であり、先生であり、子供であり、地域住民であるところの私たちなのかもしれない。かつての日本国民が日清・日露戦争を娯楽として楽しみ、上海事変で自己犠牲的な死を遂げた「肉弾三勇士」に感動したように、私たちも我が子や自分の命を危険にさらすまで、リスクや搾取を感動として消費しかねない危うい感情の生き物である。

コラム②

卒業式に紅白のおまんじゅうが配られる理由

入学式や卒業式など、日本の小中学校の儀式は海外に比べて画一的で厳かなものが多い。こうした学校儀式の定型化は、教育勅語の発布の翌年に制定された「小学校祝日大祭日儀式規程」に基づくものと思われる。しかし明治の子供たちだって、これまでのんびり休めていた祝祭日に突然呼び出されるようになったわけだから、何らかのご褒美がなければ身が入らないだろう。それでは天皇を崇拝させたいという目論見が台無しである。そこで祝祭日儀式では、子供たちの慰めとして、当時は貴重だった紅白のおまんじゅうを配るのが習慣化していたらしい。

一九二七年生まれの児童文学者・赤座憲久は、『赤い鳥』昭和六年六月号に投稿された「紀元節」というタイトルの子供の詩（「紀元節でもらつた／まんぢゆうを　たべながら／雪がとけるのを　見てゐた」）を引きながら、子供のころの儀式の思い出を語っている。

> どこの学校の子どもも四大節（新年・紀元節・天長節・明治節）という祝日には、儀式があった。校長先生がモーニングを着て、白い手袋で巻物を広げて読むのを、頭をさげて聞いているのだが、咳ばらいをしたり、鼻を啜りあげたら叱られる。あの頃は、栄養や生活環境が悪かったので、頭をさげているとたいてい青鼻汁が

たれた。校長先生の巻物朗読がすむと、いっせいに鼻汁を啜りあげる音が盛り上がったという話は、全国どこでもあったということなので、蒲郡も例外ではなかったと思う。寒いとき、冷たさに耐える儀式は、子どもにとって苦痛であったが、何よりの楽しみは、式のあとにもらえる紅白の饅頭である。「紀元節でもらつた」には、そんな深い意味がある。しかも、滅多に口にはいらなかった貴重な饅頭を、味わいながらゆっくり食べている姿が、「雪のとけるのを」見ている作者の姿によくにじみでている。

（赤座憲久『再考　新美南吉』）

現代の卒業式で紅白のおまんじゅうが配られるのも、この習慣がルーツであるようだ。二一世紀に入ってから入学式で起立して国歌を歌わなかった教職員が懲戒処分を受けるなど、いろいろ面倒なことが起きているようだが、愛国心をもたせたいなら罰を与えるよりレアなスイーツを配った方がいいんじゃないかという気がしてならない。

ありのままは本当にありのままか

「自分で感じたとおり」が大切？

つい先日、一九八〇年代の図工の教科書に載っていたこんな文章がSNSに転載され、名文だと絶賛された。


図画工作の時間は、じょうずに絵をかいたり、ものを作ったりするのが、めあてではありません。

じょうずにかこうとすることよりも、見たり考えたりしたことを、自分で感じたとおりに、かいたり作ったりすることが大切です。

しんけんに、絵をかき、ものを作り続けていると、じょうずになるだけでなく、人としての感じかたも、育ちます。

このくり返しのなかで、自然の大きさがわかり、どんな人にならなければならないかが、わかってきます。

これがめあてです。

（佐藤忠良「この本を読む人へ」／『子どもの美術　下』現代美術社）

多くの人が褒めたたえる中で、「自分は自由に描けと言われて逆に困った。感じた通りに描くには技術が必要」「そうはいっても成績をつけるならしょせんきれいごと」という声もあった。感じ方は人それぞれだが、このような「見たり考えたりしたことを、自分で感じたとおりに、かいたり作ったりすることが大切」という教育観は、国語の作文指導にもみられ、日本特有のものとされている。

先に見た通り、「個」を消して型通りに動く従順な身体であることを求められる運動会や各種儀式は、天皇制によって近代化を進めた過程で生まれた日本特有の学校文化である。一方で、作文や図工となると、型の練習よりも「感じたことをそのまま書きなさい」と子供らしいのびのびとした表現が求められる。縛り付けたり放置したり、日本の学校は気まぐれサディストのようだ。

「ありのまま」は短歌・俳句から始まった

「ありのまま」芸術観の起源といえば、勧善懲悪にとらわれた戯作と違い、「人情」や「世態」を「只傍観してありのままに模写」するのが小説だと定義した坪内逍遥『小説神髄』だろうか。「ありのまま」指導は、俳句雑誌『ホトトギス』主宰の正岡子規が明治三

○年代に提唱した「写生文」に受け継がれる。「或る景色又は人事を見て面白しと思ひし時に、そを文章に直して読者をして己と同様に面白く感ぜしめんとするには、言葉を飾るべからず、誇張を加ふべからず只ありのまゝ見たるまゝに」（正岡子規「叙事文」）。技巧を凝らした文語調の美文がありがたがられていた時代だったから、飾らないありのままの文章でよいという教えは新鮮に受け止められた。

　そのころ、小学校では明治三三年の小学校令改正で「読書」「作文」「習字」の三学科が「国語」に統一される。それにともない、作文が「綴り方」と呼ばれるようになった。それまでの「作文」とは、中秋の名月を愛《め》でる美文や借金の依頼状といった大人の模範文を書き換えるというものだったが、子供の日常や考えなどを簡単でわかりやすい「普通文」で書かせるという指導に改まる。

　明治三四年九月には、さっそく小学校令改正に対応した例文集『言文一致　普通文つゞり方』（松山伝十郎編）が刊行される。同書の冒頭には、「決して美文的に仕向けるといふ意味では無い。只児童の考へたこと、及び児童の容易く考へ得ることを、ありのまゝに書かせるといふだけである」と、小学校令が定めた普通文の綴り方が説明されている。収録されている文例も、潮干狩りや動物園、サーカス、蛍採り、蕨採りといった日常の出来事の感想文が多い。現代の学校で課せられる「遠足の感想文」のルーツだろうか。

　植物の作文「南瓜を栽《う》う」という文例では「実は最初に青く、段々大きくなるに連れて黄色に変って来るが、今はちよーど青と黄の斑《ぶち》になった位の所で、而も石臼のよーな大きいのが、ゴロ〳〵としてぶら下って居るので、中々の観物です」と、あくまで観察に徹している。作文授業で植物について書くにしても、それまでは「糸瓜ハ瓜ノ類ニシテ其実熟セザルハ食トスベシ」（『新定作文書：高等小学校生徒用』明治二六年）といった定義文が主流だったから、「写生」概念が学校の作文教育にも影響を与えたことがわかる。

手紙の文例では、「只自ら口にて話そーと思ふよーに、自然のまゝを筆に写せば宜しいのである」という文章指導がなされる。友達の忘れ物の連絡文はこんな感じだ。

> 時に皆様が御帰りの後で、玄関に風呂敷包が一つ残ってあるのに気がついて、段々調べて見ると、どーも君のものらしく思はれる。兎も角も持たせて上げますから御覧下さい。併し、中に巻煙草の絵カードが沢山あるよーだが、君は真逆《まさか》に禁煙令を犯して居るのではあるまいナ。どーです。

いわゆる標準語が固まるまで、「昭和軽薄体」ならぬ「明治軽薄体」と呼びたくなるようなくだけた文体も、言文一致体として初期の国語には取り入れられていた。現代人としては、「文語で文章を書かなきゃいけないなんて昔の人たちかわいそう」などと思ってしまうが、私たちが国語で習い覚えた標準語も、なかなかどーして言文一致とは言い難いのだ。

日常の出来事をありのままに観察せよという指導の一環として、日記の文例も紹介されている。

八月一日　日曜
（…）今日不在の間に水盤の金魚をブチに捕られた。癪に障ったから拳固で頭を一つ擲って見たが初まらぬ。実に残念な事をした（…）

猫を殴るわ友達の喫煙をいじるわ、文例中の男子はちっとも子供らしさがない。大正時代に童心主義が現れるまでは、これが「ありのまま」の男子の姿とされていたのだろうか。

それにしても、『言文一致　普通文つゞり方』に収録されているのは男子の文例ばかりだ。話し言葉に近い当時の言文一致作文では、模範的な作文は当然男女で異なるものとされた。女子の例文もあわせて掲載している『高等小学　言文一致文』（明治三五年）では、「又男と女とは其言葉の趣が自然に少し異《かわ》つて居るでせう、即ち其ちがひの通りに書き分ければよいです。しかし、あまり言ひぶりのぞんざいなのは、いやしいから、同輩の人におくる手紙も、通例のことばよりは、少し叮嚀《ていねい》な方を用ふるがよろしい。殊更女子はこの点に注意せねばなりませぬ」と、男女で文体を変えることが奨励されている。

「我等の楽《たのし》み」

（…）四季いろ〳〵の遊び、それは楽しくないではないが、勉学の楽しさには如何なる遊びも決して〳〵勝りはせぬ。あゝ吾等の真の楽みとは即ち此事であるではないか。

「女子の遊《あそび》」

（…）此様に四季いろ〳〵の遊びの外、お手玉、七子《なゝこ》、石はぢき、襷《たすき》取り、かづら、酸漿《ほゝづき》いぢりは何れも面白いもので、飯《まゝ》ごとは幼い時の遊です。私等女子の袂の中には――笑うて下さるな、今でも小さな人形がはいって居ます。

同じテーマの文例でも、男子は「である」調で遊びよりも勉強を優先する姿勢を示し、女子は「ですます」調でへりくだりながらおままごとの話をしている。男子は立身出世、女子は良妻賢母。「ありのまま」に書きなさいといっても、その「ありのまま」は性別ではっきり分けられた望ましい大人予備軍としてのものでなければならなかった。

素行調査としての日記

『言文一致　女子普通文』（明治三四年）には、「小女の日記」の文例も収録されている。

七日。半どん。あさ私が、菊ちゃんをおさそいせうと思つてたら、菊ちゃんがさそいに来て。私くやしかつた。

今日のお清書は、きのふおばさんにもらつた筆でかいたら、大へんかきようかつた。夕方、おつかさんと、不動様の縁日に行つて、手帖と、花かんざしを買ていたゞいた、太郎ちやんは豆鉄砲を。

学校でこのような日記を書かせることには、作文の練習のほかに、家庭での素行調査の意味もあったようだ。同じ理由で夏休みの宿題に日記が課せられるのも、このころから行われている。

高等小学校の生徒には、成るべく日誌をかゝせるがよい。ことに、夏季休業とか、冬季休業とかには、日課として、必ず之をつくらせるがよい。生徒の方から云へば、綴り方の練習に、恰好の材料であるし、教師の側から言へば、家庭の真相を詳述したところの、適当な報告書である（…）（『小学校用　言文一致教範』明治三五年八月）

子供たちに生活をありのままに記録させることで、規則正しい模範的な生活習慣を身に付けさせようという意図もあったかもしれない。

主幹を務めた少女雑誌『少女世界』で読者の少女と交流を深めていた沼田笠峰は、「近頃は、どこの学校でも生徒に日記を書かせることが流行する」と記している（『現代少女とその教育』大正五年）。とある女学生は、日記をつけることについてこんな本音をもらしていたという。


「どんなことツて、私の日記《にっき》なんか毎日判で押したやうに定《き》まつてゐるんですもの、同じく〳〵と書いておきたい位ですわ。」

「ぢやア、その通り同じくと書いておけば好《い》いぢやアありませんか。」

「だつて、そんなことすりやア先生に叱られますわ。」

「でも、書くことがなければ仕方がないでせう。」

「だから、好《い》い加減なことを拵《こしら》へて書くんですわ。……午前、掃除をして髪を結ふ。午後、歴史の復習なんて、毎日少しづゝ違へて書くんですの。」

「それでは嘘の日記ですね。」

「えゝ、そりやもう嘘の日記《にっき》ですわ。でも本当の日記もあるんですよ、別の日記帳が……」

（…）

「そんなことをするのは、あなたゞけなんでせう。」

「あら、何誰《どなた》だつてなさるわ。私の学校で、本当の日記を先生に見せる方なんて、一人もありませんわ。一年の方でも、日記帳が二ツあるんですもの。」

いのである。

（沼田笠峰「三　虚偽の日記」／『現代少女とその教育』）

教師に監視されているのだから、子供からすれば「ありのまま」に書くわけにはいかな

童心主義の「ありのまま」作文教室

子供たちの「ありのまま」作文に芸術的価値を与えたのは、『ホトトギス』の同人だった鈴木三重吉である。大正七年に児童向け雑誌『赤い鳥』を創刊した彼は、誌上で子供の作文を募集し、子供たちに繰り返し「ありのまま」を書くように求めた。

文章は、あつたこと感じたことを、不断使つてゐるまゝのあたりまへの言葉を使つて、ありのまゝに書くやうにならなければ、少くとも、さういふ文章を一ばんよい文章として褒めるやうにならなければ間違ひです。

（募集作文欄「選後に」／『赤い鳥』創刊号、大正七年七月）

童心主義の牙城だった『赤い鳥』が期待した「ありのまま」作文は、明治期の言文一致作文とはいくつかの点で異なる。

「魚市場」
私の家《うち》から十二三間《げん》西に行《ゆ》くと、向つて左側に魚市場があります。その魚市場は去年の四月一日《じつ》にはじめて出来上がりました。事務所だけが二階で、あとはすつかり平屋です。茶色のペンキでまはりがきれいに塗つてあります。中はセメントのたゝきです。三崎の港にはひつた漁船《れふせん》は、旅船《たびぶね》でも何でも皆《みんな》この魚市場に魚を売るのです。ですから一年中、お魚のたえたことはありません。一度に船が来て魚を上げるときにはいさばの人たちは尻ばしよりになつたり、シヤツ一枚で元気のいゝはじまき姿で市場の中はまるでお祭《まつり》のやうにごた〳〵してゐます。（…）

（『赤い鳥』第一三巻第一号、大正一三年七月）

選評を見ると、元の投稿文には「だれ〳〵が何々するのも面白い」「魚がこれ〳〵したのも面白い」といった主観の言葉がいくつかあったのを、鈴木三重吉が削ったとある。選者の権力が強すぎる。他の入選作をみても感想的な文言がほとんどないので、掲載の際に削られたか、投稿者か指導教師が忖度して最初から削っているかどちらかなのだろう。入選作には標準語だけでなく方言のものもあるが、いずれも文体から性別はうかがえない。このような性別も自意識もない透明な「子供らしい」文体は、明治期の綴り方とは全く異なっている。私たちが考える「子供らしい」文体とは、『赤い鳥』の読み物と鈴木三重吉の熱血ありのまま作文指導によって生み出されたものだったようだ。
なぜ鈴木三重吉はこんなにも子供の作文指導に力を入れていたのか。『赤い鳥』創刊時に配布したプリント「童話と童謡を創作する最初の文学的運動」を見ると、当時の少年少女雑誌をにぎわせていた自意識たっぷりの少年少女の投稿文への嫌悪が背景にあったことがわかる。

巻末の募集作文は、これも私の雑誌の著しい特徴の一つにしたいと思ひます。世間の少年少女雑誌の投書欄の多くは、厭にこましやくれた、虫づの走るやうな人工的な文章ばかりで埋つてゐます。私たちは、こんな文章を見るくらゐ厭なことはありません。私は、少しも虚飾のない、真の意味で無邪気な純朴な文章ばかりを載せたいと思ひます。(…)どうか文章の長短に拘らず、空想で作つたものでなく、たゞ見た儘、聞いた儘、考へた儘を、素直に書いた文章を、続々お寄せ下さいますやうお願ひ致します。
(鈴木三重吉「童話と童謡を創作する最初の文学的運動」)

『赤い鳥』の入選作文には、都会や学校での出来事よりは、地方の生活の生々しいやりとりを再現的につづったものが多い。同誌で活躍していた北原白秋と同様、近代・都市・自我への嫌悪をうっすら感じなくもない。技巧を凝らしてすごいと思われたい中二病的な自意識をもたない、無垢で透明な存在としての子供が理想化され、その理想に向けて子供たち（とその指導教師）がせっせと無垢を競いあう。『赤い鳥』は全国の教師によく読まれていたから、「ありのまま」作文は子供の作文のスタンダードになった。

鈴木三重吉は、「ありのまま」作文を「実写」と呼んだ。作文の教育的価値とは、「この実写に到達するまでの習作上の錬磨や、その実写の工程の中で、事物に対する批判や、感情、感覚が深化され、細化されることにおいて、児童の人間味が加えふかめられる」ことにあると訴えている（『綴方読本』）。冒頭に掲げた図工教科書の文章に論旨が似ている。それもそのはずで、お手本の絵を模写する従来の図画教育の否定として生まれた自由画教育も、『赤い鳥』で普及したものだからだ。大正自由教育運動から生まれた綴り方教育も自由画教育も、全国規模のメディアである『赤い鳥』という絶好の舞台を得て、修身偏重の教育の反動の受け皿になった。

生活指導としての綴り方

鈴木三重吉の影響で、一九二九年に教師向け雑誌『綴方生活』が創刊され、一九三〇年代以降全国各地の小学校教師を中心に生活綴方運動が盛り上がる。子供を「皇国民」という型にはめこむ天皇制下の教育に飽き足りなかった若い教師たちも、国定教科書のない綴り方なら自分の方針で教え子の個性を育んで自己実現を図ることができた。そうした教師によって作文スターとして見いだされた小学生が、貧しいブリキ職人一家の生活をありのままに綴った豊田正子である。彼女の作文は教師の手でまとめられて『綴方教室』（昭和一二年）として出版され、ベストセラーになった。

教師が主導した生活綴方運動は、芸術よりも、子供の成長に重きが置かれた。

1、自己の生活を内省し統一してこれを文章の形に表現すること。
2、それによって真に自己を知り、さらに自己の生活を高め或は深めてゆくこと。

（田上新吉『綴り方指導原論』昭和二年）

大正自由教育運動の流れを汲む生活綴方運動は、子供の個性や内面を無視して型にはめこむ儒教教育のアンチテーゼとして、子供の「自己」「内面」に注目する。学級のまとまりを内面から創り出す手段として、「学級文集」も生まれた。

もう一つ、生活綴方運動から生まれた言葉に、「生活指導」がある。「生活指導」と聞くと、ジャージの体育会系教師が竹刀をバシバシしながら「服装の乱れは心の乱れ！」とスカート丈にいちゃもんをつけるイメージがあるが、もともとはありのままの生活を作文で書かせてその内容を指導することを意味していた。戦前の熱血先生は部活やソーラン節ではなく、作文指導に燃えていたのだ。

かつて貧しい家庭の子供たちは、教師だけが頼りということも多かった。『綴方読本』に掲載された事例では、父が酒乱でご飯を用意してもらえないと綴った父子家庭の児童の作文から、教師が父親の反省を促しに家庭訪問することもあったという。当時はこんなことまで作文指導の範疇だったのだ。貧しい子供たちに自己と置かれた状況を客観視させ、よりよい自己に導く手段として、ありのまま作文が効力を発することもあったのだろう。

冒頭の図工の教科書の文章も、この「生活指導」の流れで読むと、得心がいく。技術よりなにより、貧しい子供たちには生活に押しつぶされない自己の確立こそが必要だったのだ。しかし子供たちに貧困を自覚させる生活綴方運動は、軍国主義化が強まった一九四〇年以降、反体制運動として弾圧の対象となる。ありのままの生活は皇国民の生活にあらず、というわけだ。

検挙された綴方教師たちは戦後復帰したが、経済成長にともない、貧しさありきの綴り方教育は廃れていく。代わりに台頭したのが、読書や実体験を経て人格がいかに成熟したかを子供たちに語らせる「青少年読書感想文コンクール」（一九五五年スタート）、「全国小・中学校作文コンクール」（一九五一年スタート）などの全国規模の作文コンクールだ。生活綴り方との違いは、ありのままの生活描写だけではだめで、生活の振り返りや人格の向上といった内面描写が求められる点だろうか。いずれも重視されるのは、ありのままで道徳的な人格だ。小中学生が児童文学を批判的に読み込み、その深層を鋭く穿つ文芸批評を提出しても、読書感想文コンクールで評価されることはないだろう。

ちなみに冒頭の文章の書き手である佐藤忠良氏は絵本「おおきなかぶ」の挿絵でも知ら

れるが、一九八〇年前後になされた自民党による国語教科書攻撃では、「おおきなかぶ」も批判にさらされた。ソ連の民話であったために、社会主義的な集団労働や団結を教える文章だと難癖をつけられたのだ。あわてた光村図書の幹部は、問題になった作品の差し替えを検討していると新聞で発言する。抗議の声が高まったために削除されることはなかったが、同社の姿勢に疑問を抱いた佐藤氏は挿絵の掲載を引き上げた。同社の国語教科書の「おおきなかぶ」がおなじみの挿絵ではないのは、そういう理由による。保守的な支配層にたえず監視されている学校教育の中では、「人としての感じかた」を立派に育てた結果、排斥されるということもありうるのだ。

「生活指導」が「服装の乱れは心の乱れ」式の外面的指導を指す言葉になってしまったように、学校という場での「内面」への踏み込みはたやすく画一的な道徳指導に結び付く。いくらありのまま、感じたままが良いと言っても、図工の時間に政治風刺四コマを提出するわけにはいかないし、運動会の感想文で軍事教練とのつながりを熱く論じてもいけない。悪しき「内面」として指導・矯正されるのが目に見えてるのだから、子供たちは隠すしかないのだ。学校が求める「ありのまま」とは、化粧が嫌いだという男性が求める「すっぴん」のようなものである。「すっぴん」として求められるものが実のところ「ナチュラルメイク」でしみや毛穴をていねいに隠した美人」であるように、学校でありのままを求められたら、大人の求めるところを忖度して「ありのままですばらしい生活」を取り繕うほかない。

軍国主義的教育に対抗し、子供の自己を尊重する自由教育として登場したはずの作文指導は、かくして「『ありのままが大切』という建前で技術も教えてもらえないまま大人のお気持ちを尊重しなきゃいけないめんどくさいもの」になってしまった。

ありのままの欲望自然主義

感情を隠し、大人好みの内面を取り繕う鬱屈は、取り繕わない「ありのままの欲望」こそが正しいというホンネ主義にも結び付きかねない。神島二郎は『近代日本の精神構造』で、このありのままの欲望の発露こそが正しいという価値観を「欲望自然主義」と呼び、その起源を巌谷小波の桃太郎主義（＝わんぱく主義）に求めた。それは儒教教育への反発から生まれた価値観でありながら、国家主義・軍国主義と結びつき、海外侵略を支えるイデオロギーに転化したと神島二郎は分析する。

大人しく弱いアジア諸国を欧米列強から守る強い日本人像は、『少年世界』に始まる少年文化の中で繰り返し描かれ、「わんぱくで強くてやんちゃな僕ら」という少年たちの自尊心を形作ってきた。植民地支配が敗戦で否定され、「やんちゃな僕ら」というセルフイメージが危機にさらされたとき、新たな侵略対象として立ち上がってきたのは「女」だったのではないだろうか。そう感じるのも、戦前の主要な少年向け娯楽読み物をざっと眺めても、私たちが慣れ親しんだ戦後の少年文化のように、主人公のセクハラが肯定的に扱われる描写を見つけることが難しいからだ。たとえば昭和初期に『少年倶楽部』で連載された大ヒット少年小説『あゝ玉杯に花うけて』（佐藤紅緑）では、「女学生と交際し、ピアノやヴァイオリンの合奏をしたり、手紙を交換したり、飲食店に出入《しゅつにゅう》したりするものがある」と噂を流されて、中学生たちが憤慨するくだりがある。目撃証言から女子と映画・洋食デートをした生徒を特定した彼らは、呼び出して鉄拳制裁を加えようとする。戦前の少年にとってはセクハラどころか、親族以外の女子と関わっているとみられることすら不名誉なことだった。「リア充爆発しろ」なんてこっそり呪わなくても、勝手に爆発する（制裁される）時代だったのだ。

ところが女遊びの果てに少女を中絶させて死なせるモテ男子をかっこよく描いた芥川賞受賞作『太陽の季節』（石原慎太郎）が一九五六年に映画化されると、状況は一変する。劇中の大胆な振る舞いに魅了された若者たちによって、「太陽族」ムーブメントが巻き起こった。性欲は本能に基づいているがゆえに自然で正しいとする形で、「欲望自然主義」がよみがえる。未成年の強姦犯検挙数は一九五三年の一五三三人から一九五八年の四六四九人へと、五年間で約三倍にも膨れ上がった。一九七〇年代以降は少年文化の中でもスカートめくりやのぞきなどのセクハラが、「やんちゃ」の一環として描かれるようになる。「他国に攻め込むわんぱくでやんちゃな少年」の代わりに、「女を侵略するわんぱくでやんちゃな少年」が少年文化のヒーローになった。現代において性犯罪やセクハラを告発する被害者が落ち度を執拗に探されて攻撃される背景には、「欲望のままに女を侵略しても受け入れられるやんちゃな僕ら」という共同幻想が崩されることへの恐怖があるのではないだろうか。

欲望を否定し、取り繕った「ありのまま」しか認めない道徳教育では、他者の自我を尊重しながら自らの欲望に折り合いをつける訓練を積むことができない。自分の欲望の形は社会的・文化的に構築されたものではなく、押し付けられた道徳から解放されたありのままの自然の姿だと認識している人々にとって、弱い立場の人々からの「差別やハラスメントをしないでほしい」という訴えは、「ありのままの自分」を否定する「道徳」（現代風に言えば「ポリコレ」「コンプラ」だろうか）の押し付けとしか受け止められないだろう。私たちが相対化しなければならないのは、道徳だけではない。

ごんぎつねは二度死ぬ――国語教科書が悲しい理由

音読がつらい国語教科書

海外で暮らしながら日本語の補習校に通う子供たちが、国語の教科書の音読を嫌がるという話を聞いた。理由のひとつに挙げられたのが、「日本の国語の教科書は悲しい話が多い」というもの。「スーホの白い馬」に「ちいちゃんのかげおくり」に「ごんぎつね」、確かに印象に残っているのは悲しい話ばかりだ。日本生まれ日本育ちで小学校に通う長女も、父の戦死を扱った「一つの花」が悲しいからいやだとこぼしていたことがあった。「子供の音読の宿題で悲しい話を毎日聞かされるのがつらい」という親の愚痴もよく聞く。海外の教科書事情は知らないが、言語学習が悲しい話ではかどるという話は寡聞にして聞いたことがない。TOEICの教材がビジネス会話でなく動物や幼児が死ぬ話ばかりだったら、悲しくて英語の勉強どころではなくなってしまいそうだ。母語のリーディングスキルを鍛えるという面では、むしろマイナスなのでは？

悲しい話が多い理由は、石原千秋氏をはじめ多くの人が指摘するとおり、戦後日本の国語教育が道徳の役割も担っていたからだろう。だが、なぜ悲しい話が道徳教材になるのか。単に道徳なら、勧善懲悪のスカッとする話になりそうなものだ。うなぎを盗んだごんぎつねがうなぎになる魔法をかけられたり、スーホの白い馬を奪った殿様の目をハトがくりぬいたりするのが訓話というものではなかろうか。

書き換えられた「ごんぎつね」

国語教科書界に燦然と輝く悲しい話のマスターピースといえば「ごんぎつね」だが、実は教科書に掲載されている「ごんぎつね」は、新美南吉の原作とはいくつかの点で大きく異なっている。「ごんぎつね」は、地方在住の無名の投稿青年だった当時一八歳の新美南吉が『赤い鳥』に投稿した作品である。同作は主宰の鈴木三重吉の目にかない、昭和七年一月の『赤い鳥』に掲載される。その際、子供たちの作文同様に、「ごんぎつね」も鈴木三重吉によって書き換えられていたのだ。

どれほど内容が違うか、『赤い鳥』掲載の「ごん狐」をもとにした教科書版「ごんぎつね」(『国語 四下 はばたき』光村図書)と、新美南吉の草稿「権狐」とを比べてみよう。

ごんは、うなぎのつぐないに、まず一つ、いいことをしたと思いました。

(「ごんぎつね」教科書版)

権狐は、何か好い事をした様に思へました。

（「権狐」草稿）

教科書版では、ごんはいたずらで兵十からうなぎを盗み、そのせいで兵十の母親が死んでしまったと気に病んでいる。そのおわびに盗んだイワシを兵十の家に届けてあげたと読み取るべきシーンである。しかし草稿では、「つぐない」とは明記されていない。前後を読んでも、どちらかというと兵十が自分と同じ孤独な身の上になったことにシンパシーを抱いている印象が強い。ごんがイワシを盗んだせいで兵十は魚屋にひどい目に遭わされるのだが、草稿ではそこでようやく「そして権狐は、もう悪戯をしなくなりました」と不良ギツネから更生する。ごんの共感の対象は兵十だけなのである。

ごんは、「へえ、こいつはつまらないな。」と思いました。「おれがくりや松たけを持っていってやるのに、そのおれにはお礼を言わないで、神様にお礼を言うんじゃあ、おれは引き合わないなあ。」

（「ごんぎつね」教科書版）

権狐は、つまんないなと思ひました。自分が、栗やきのこを持つて行つてやるのに、自分にはお礼云はないで、神様にお礼を云ふなんて。いつそ神様がなけりやい丶のに。

権狐は、神様がうらめしくなりました。

（「権狐」草稿）

貢いでいるのがごんだと気づかれないのは神のせいではないと思うが、それでも「神様がなけりやいゝ」とまでいう草稿版のごんは、はっきり神様に嫉妬している。ここから読み取れるのはやはり「つぐない」ではなく、貢ぎ物で兵十の関心を自分に向けたいという強い愛着だ。きわめつきは、最後の感動シーン。


「ごん、おまいだったのか、いつも、くりをくれたのは。」

ごんは、ぐったりと目をつぶったまま、うなずきました。（「ごんぎつね」教科書版）

「権、お前だつたのか……、いつも栗をくれたのは――。」

権狐は、ぐつたりなつたまゝ、うれしくなりました。（「権狐」草稿）

鈴木三重吉が草稿版の「うれしくなりました」を削除したことが、「ごんぎつね」を教科書にふさわしい名作にしたことは疑いない。はっきりごんのお気持ちが書かれてしまっては、テストにしようがないからだ。それ以上に、ここでごんがうれしいという気持ちを抱いてしまうと、贖罪の物語ではなく（教科書にふさわしくない）愛のストーカー物語になりかねない。事実、新美南吉の草稿を通して読むと、悪さを通してでしか他者と関われなかった孤独な不良が初めて同類が現れたという共感から母を亡くしたばかりの男性に愛着を抱き、不器用なプレゼントでつながることを望みながら、撃たれて初めて振り向いてもらえて「うれしくなる」話にみえる。草稿は最後までごんの感情に寄り添って描かれている。

一方、鈴木三重吉が手を入れた「ごんぎつね」は、本来はごんのせいではない兵十の母親の死の責任を勝手に感じ、つぐない行為をした上で撃たれる。ごんがひたすらかわいそうなお話である。ずっとごん目線で話が進んでいくのに、最後は撃った兵十の視点に切り替わる（ごんの内面は描かれない）ことで、よりいたたまれなさが増す。子供たちは「撃たれてわかってもらえてよかったなんて思うわけないじゃん。なんで撃ったんだよオメーってキレるのが普通っしょ」とひそかに不満を抱きつつも、「ごんが最後にうなずいたとき、どんな気持ちだったでしょう」という問いに「わかってもらえてよかった」と書くのである。言い方を変えれば、書き換えられた「ごんぎつね」はけなげな弱者に取り返しのつかないことをした罪障感が、弱者の無条件の受容により解放され、カタルシスとして昇華される物語ともいえる（ごんが最後に「ひどくね？」と言って息絶えたら、誰も感動しないだろう）。ごんは肉体的に死んだだけでなく、嫉妬を伴う兵十への欲望を消されたことで、泣ける名作になった。

「スーホの白い馬」にも同じ構造がある。殿様のもとからスーホを慕って逃げ出してきた白い馬は、傷だらけのまま死んでしまう。スーホの夢に現れた白馬は「そんなにかなしまないでください」と語りかける。自分の死体で楽器を作れば、「わたしは、いつまでもあなたのそばにいられますから」。こちらもけなげな弱者が、殺されてもなお死体を人間に役立ててもらおうとする受容的な態度を見せる。私が白馬なら「馬をダシに殿様の娘をゲットしようと欲をかいたからワイがこんな目に！」と恨み言の一つでも言ってやりたいところである。元はモンゴル民話だが、現地では日本ほど知られてはいないというから、こうしたストーリーを好むのは日本人特有の感性なのだろうか。

罪障感を煽る国語教科書

聖光学院中・高教諭の野中潤氏は、戦後の高校国語教科書で定番化した「こころ」「舞姫」「羅生門」に共通しているモチーフとして、「死者の犠牲を足場にして生きることでイノセント（無垢性）が損なわれ、汚れを抱え込んでしまった生者の罪障感」があるとしている。定番三作品は「罪障感を抱え込んでいる生者に対して、何らかの許しや癒しを与える」物語であるからこそ、戦死者に対して罪障感を抱えていた敗戦後の日本人に必要とされたのではないかという分析だ（「定番教材の誕生　「こころ」「舞姫」「羅生門」」）。

小学生国語教科書の悲しい話には「ちいちゃんのかげおくり」「一つの花」「かわいそうなぞう」と、戦争ものが少なくないから、この分析は小学校教科書にも当てはまりそうだ。ただ、作品が採用された時代は戦争体験者が現役だったろうが、今でも戦死者に対する罪障感を抱えている人はどれだけいるだろうかという疑問もある。採用の背景に敗戦のスティグマがあったにしても、これらの作品が今も支持されて現役であるということは、戦争体験の有無を問わない情緒をかきたてるからだと考えるほうが自然だ。

「ごんぎつね」からごんの欲望が消え、けなげで無垢な弱者のお話にアレンジされたのは、童心主義によるところが大きい。童心主義は、純真無垢な子供を賛美するとともに、伝統・自然の中で子供のすべてを受容する母を理想化する他者のない世界である。これが他者の自我と対峙しなければならない近代社会からの逃避先として機能してきたことは、第二章でみてきたとおりだ。鈴木三重吉、北原白秋とともに『赤い鳥』に関わった童話作家・小川未明の母性論を見てみよう。

真に子供の為めに尽した母に対してはその子供は永久にその愛を忘れる事が出来ない。そして、子供は生長して社会に立つようになっても、母から云い含められた教訓を思えば、如何なる場合にも悪事を為し得ないのは事実である。何時も母の涙の光った眼が自分の上に注がれて居るからである。これは架空的の宗教よりも強く、また何等根拠のない道徳よりももっと強くその子供の上に感化を与えている。神を信ずるよりも母を信ずる方が子供に取っては深く、且つ強いのである。実に母と子の関係は奇蹟と云っても可い程に尊い感じのするものであり、また強い熱意のある信仰である。そして、母と子の愛は、男と女の愛よりも更に尊く、自然であり、別の意味に於て光輝のあるもののように感ずる。

（小川未明「愛に就ての問題」／『生活の火』所収、大正一一年）

母の涙と献身は道徳以上に子供を感化し、母性信仰は宗教以上に強いと小川未明は断言する。童心主義以降の知識人は、神の代わりに「無償の愛で尽くす母親」がかきたてるロマンティシズムを道徳の機軸としてきた。ファシズム期に入ると、国家のために死ぬ若者の自己犠牲も母性とセットで美化の対象となる。純粋無垢でけなげな存在の自己犠牲に感動する心性が、戦争を通じて国民全体に広がっていく。戦争が終わっても、自然・伝統・自己犠牲を尊ぶ母性幻想由来の感性は平和主義と結びつき、国語教科書に根強く残った。母の死はおいそれと子供相手の教科書には盛り込めないが、動物であれば強い自我をもたないけなげな弱者として自己犠牲を扱いやすい。小学校国語教科書に動物ものが多いのも、〈自然＝善／文明＝悪〉といった図式が多いのも、母親に比べて父親の影が薄いのも、自我解放をもたらした近代への嫌悪と母性幻想が道徳の背景にあるからではないか。

教育勅語に基づく修身教育をＧＨＱに否定された戦後教育は、すべてを受容する自我の薄いけなげな存在に感情移入させることで、子供たちを道徳的に感化しようとしてきたのだろう。そこには修身復古の精神だけでなく、子供を戦争に送り込んだトラウマから、感動によって子供たちに反戦意識を持ってもらいたいという大人の善意もあったはずだ。

ごんぎつねは日教組童話？

占領下で革新勢力が拡大したことに危機意識を抱いた保守勢力の要請で、一九五五年に自民党が誕生する。「政綱」の第一に「国民道義の確立と教育の改革」を掲げた自民党は占領下で勢いを伸ばした日教組など左翼勢力の反対を排除して、道徳教育を復活させることを目指していた。一九八〇年前後に自民党が小学校国語教科書を攻撃した際も、悲しい物語群が日教組のイデオロギー装置とみなされた。「一つの花」は、「左翼作家」が「反戦平和をたくみに党派的主張につなげた」作品とされ、「川とノリオ」は、「『教え子を再び戦場に送るな』という日教組のスローガンを、そのまま物語にしたような〝安保破棄もの〟」で、「せいいっぱいもの悲しい物語に仕立て上げられている」とされた。

反戦要素のない「ごんぎつね」でさえ、「南吉の不遇な一生と、それによって南吉の心に生まれた社会への怨嗟や呪詛は、日教組などにはこたえられないものなのだろう」と、日教組童話にされてしまっている。当時の自民党によれば、「ごんぎつね」を理解できるのは「高いところから落ちて頭がおかしくなったこども」「出産と同時に施設に預けられたこども」「非行幼年といった感じのこども」だけで、「健康なこどもたち」には何のプラスにもならないらしい。確かにこれだけ弱者に対する共感能力皆無な大人が政界で跋扈していたら、かわいそうな存在に感情移入させてやさしさや愛を育まねば……と教育者が思うのも道理である。

だが、共感力や反戦思想を育むために子供たちに悲しい思いをさせ、あらかじめ決められた鑑賞態度以外の感想を認めない発想は、やはりどこかいびつだ。これは『論語』の解釈を丸暗記させて道徳を刷り込むことが学問だとする古い教育観や母性幻想を捨てられないまま、反戦平和を教えようとしたねじれに基づくのではないだろうか。結果として、教科書の悲しい話は「不条理を受容してけなげに生きるのが美しい」というメッセージを発してしまっている。母性幻想が戦時中の母と若者を戦争に駆り立てたように、学校が刷り込んだ不条理耐性はブラック企業、ブラック部活、ブラックPTAなどをはびこらせ、反戦どころか大人しく国家総動員に従ってしまいそうな国民性を育んでいるのだから皮肉である。

感動共同体に背を向けた新美南吉

北原白秋、小川未明といった童心主義の作家たちが戦意昂揚に走る中、新美南吉は教師でありながら愛国主義的な教育に背を向け続けた。

昨日午後われわれの講堂で講演会が行はれた。この頃はやりの何でもかんでも日本は有難いくに、よい国、なんでもかんでも西洋は個人主義の嫌らしい国といふ千ぺん一律の話をするくそ面白くない会の一つだ。

（昭和一五年二月一五日の日記）

教育界。こんな嘘だらけな世界はもういやだ。沢山だ。げろ。

子供は美しい、純真です。ハアさうですか。

英語を教へるのは無意味です。そんなら国語を教へるのは意味があるのですか。そりやあるよ、国民文化の何たるかを知らしめ、国民性を培ふのだから。顔を赧《あか》くせずによくも云へたものだ。愚劣だ。愚劣だ。愚劣だ。かくて百遍。

（友人・河合弘に宛てた手紙、昭和一五年九月二二日）

新美南吉は特に反戦思想の持ち主だったというわけではない。四歳で母と死に別れ、「真の孤独感にはもはや感傷がともなはない。藁のやうに乾いてゐる。感傷の涙のあるうちそれは真の孤独感ではないのである」（昭和一二年三月一日の日記より）という孤独感とともにあった新美南吉は、自己犠牲に無邪気に感動する情緒的共同体には入り込めなかったのだろう。

感動によって安易に絆を取り結ぼうとする権威に背を向けて、徹底的に個人であり続けようとした新美南吉の姿にこそ、反戦平和を目指すヒントがあるように思えてならない。

おわりに

日本の学校教育は、子供を型にはめる儒教主義教育と、子供の感動や関心を中心に据える自由主義教育の二つの勢力のせめぎあいの中で発展してきた。集団での感動を求める自由主義教育は中央集権的な学校教育のもとで全体主義へと変質し、両者の相互浸透で「感動の物語で情緒的共同体を形成し、自発的に子供たちが型にはまっていくように誘導する」学校教育が主流となった。こうした子供の自我を抑えつける学校教育への反動で、大衆児童文化では欲望のままにふるまう「天真爛漫なあばれんぼう」が子供たちの人気を集めた。ありのままの欲望こそが自然で正しいとする欲望自然主義のもとでは、ときに他者を欲望のままに侵略する行為が「やんちゃ」として肯定される。これらすべてが国民を戦争に駆り立てた。

戦争が終わって教育勅語に基づく修身教育が廃止されても、母性幻想や全体主義を機軸とした道徳観念は、さまざまな学校活動の中で生き残った。たとえば戦後、教育の民主化を進めたいＧＨＱの勧奨に従って文部省は全国の学校にＰＴＡの設置を指令したが、このＰＴＡにも日本少国民文化協会の重鎮が関わっている。そう、本書冒頭で紹介した道徳教材「お母さんのせいきゅう書」の訳者である日本両親再教育協会の上村哲弥だ。彼は戦後、日本女子大学教授に着任し、一九五二年には文部省社会教育委員会PTA審議会委員長を務めるなど、PTAの専門家としてその普及に努めた。彼が教育雑誌に寄稿した論文の一つ「高い識見と強い実行力を――PTA運動の本質と当面の目標」（『社会教育』一九五八年七月号）では、「PTAの本質、その運動の本領は何処に求められるかといえば、それは母親教育であり、両親教育であり、それを中核としての民主的な成人教育である、と断定することができるであろう」とPTAを定義している。本来は保護者が学校単位で自発的に組織するはずのPTAを、トップダウンで母親を教化・統制する日本型PTAとして根付かせる礎を作った一人といえよう。

同じく道徳教材「星野君の二るい打」の元となる「星野君の二塁打」が、民主主義とスポーツマンシップを子供に注入する教材として初めて教科書に掲載されたのも、一九五二年度の国語教科書（日本書籍）においてである（「道徳」が教科外の活動として始まったのは一九五八年だ）。著者の吉田甲子太郎は同教科書の編集にも関わっており、自身が執筆したとみられる「教材の趣意」には、「統制に服従するとか、全体のために自己を空しくするとかの民主主義的な訓練は身についていない」児童を問題とみる旨が書かれている（功刀《くぬぎ》俊雄「小学校体育科における「知識」領域の指導：教材「星野君の二塁打」の検討（二）」）。さすが元・日本少国民文化協会と言いたくなる民主主義観だ。民主化政策の一環としてGHQによって普及が進められた野球は、当時の少年たちにとって民主主義のシンボルだった。そこに民主主義の看板のもと、教科書を通じて全体主義が刷り込まれる。戦争を支えた母性幻想と自己犠牲賛美が、戦後も民主主義の皮をかぶって引き継がれた象徴として、「お母さんのせいきゅう書」「星野君の二るい打」をみることができる。

一九五〇年代後半以降は、「根性」という言葉が「試練や苦労を耐え抜く強い気力」といった意味で野球記事などで使われ始める（坂上康博『にっぽん野球の系譜学』）。六〇年代以降のスポーツ根性マンガの流行は、ここに書くまでもないだろう。滅私奉公の精神は「根性」という一見主体的な言葉に代わり、長時間労働や部活動の過熱化を招きながらも、高度経済成長を支える日本人の精神的支柱として肯定され続けてきた。集団の成功に自己実現を重ねることができた人々が感動共同体を築く陰で、権力関係で下位におかれたものになされるセクハラ・性犯罪・パワハラは「やんちゃ」の名のもとに大目に見られ、被害者の声は塞がれる。欲望を抑えつける学校制度とスポーツ根性文化は一体化し、セクハラを娯楽として描く反体制文化と合わせて、相補的に封建的な秩序を支えるツールとなった。セクハラは多くの女性を企業社会から排除し、「母の無償の愛」としての家事労働や不安定な低賃金労働に閉じ込める「道徳」にかなったふるまいなのだから、保守政治家たちがセクハラを擁護するのも当然なのである。

女たちは「やんちゃ」を許す母性を求められ、「我慢してやり過ごすのが一番」と内発的に服従することによって生き延びる。そうして自我を世間に一体化させて生きてきた人々は、異議を唱える他者を同調圧力で排除し、権力の暴走を許してしまう。

しかし、相互監視で弱者同士が抑圧しあい、権力が腐敗するに任せる社会の在り方はもはや限界に近付いている。そろそろ私たちは、自己犠牲を賛美し、理不尽を耐えれば耐えるほどエライという価値観から脱するべきなのだ。母親だからという理由で無償奉仕を要請されたら断っていいし、子供はけなげに危険な巨大組体操に耐えなくてもいいし、「子供のため」という名目で教師に部活動指導を強制してはいけない。狭い共同体の相互監視で滅私奉公を〝自発的に〟せざるをえなかった社会がどこまで暴走したか、私たちは歴史から学んだはずだ。

「目上の人を尊敬しましょう」「親に感謝しましょう」「かわいそうな人には同情して優しくしましょう」「みんなと仲良くしましょう」「伝統を大切にしましょう」「権利を主張する前に役割を果たしましょう」といった道徳の題目は、閉じられた共同体の序列を崩さないためのルールに過ぎない（お茶くみ強制の伝統で女子社員の定着率が悪ければ、その〝伝統〟を大切にする必要はあるだろうか）。

未来を生きる子供たちに必要なのは、大人の権力性を利用して「自発的に」理想の子供像を演じさせる従来の道徳教育ではなく、自分が善く生きるとはどういうことなのかを個人として考える機会である。それには古い良書だけではなく、現代的な問題を取り入れたマンガや海外の映画・ドラマを含め多様な作品に触れられる場所と、たっぷりの自由時間が必要だ。同時に、自他の権利を尊重するふるまいや、それらを侵害しようとするものに抗う方法も、知識として習得させたい。そうでなければ、「あいつは生活保護を受けてるくせにかわいそうに見えないからバッシングしてもよい」「新入社員や後輩が生意気にならないように自尊心を打ち砕こう」「権利ばかり主張して子育て社員はズルイ」「自分だって文句を言わずに耐えているのだからお前も黙ってろ」「同じ母親のくせに我慢しないなんて許せない」「貧困は自己責任」といった足の引っ張り合いで、みんなでジリ貧になるだけだ。

二〇一八年度からの道徳の教科化で、国家が子供の愛国心を評価する時代がすぐそこまできている。教育体制を今すぐ変えることはできないが、せめて個々の保護者は良書を押し付けるのではなく、「道徳」からはみ出す子供の多様な言葉に耳を傾け、対話を重ね、「道徳」以外にもさまざまな価値観があることを伝えてゆきたい。

あとがき

不道徳な読書が大好きだった。

運動会の練習、スカートめくり、大人好みのことを書かないと居残りで修正させられる作文指導、「みんな仲良くしましょう」というムチャぶり道徳……小学生なんてやってられないなと思ったときは、近所の図書館に向かう。一階の児童書フロアは素通りして、二階の大人向けフロアへ。大人に見つかったら怒られるのではないかとドキドキしながら（もちろんそんなことはないのだが）、ワルい本を探すのが楽しみだった。自殺の方法を集めた翻訳書や黒魔術の事典をパラパラめくって見慣れぬ言葉の羅列に胸をときめかせ、狭い学校社会の外側にある世界の厚みを感じとった。江戸時代の下世話な小咄集、女子高生が一人称で初体験についてあけすけに語る小説、陰茎をむきだしにしたペンギンが人間を殺しまくるマンガ。お気に入りは、日本十進分類法なら「９１７（諷刺、ユーモア）」コーナー。ああ、不道徳な読書ってなんて楽しいんだろう。

読書をむさぼる一方で、こんな習慣はずっとは続けられないだろう、といううっすらとした悲しみもあった。女の子はいつか大きくなったら「お母さん」になる。「お母さん」は道徳の守り手として、自我を持たず、自己を犠牲にし、子供に無償の愛を注ぐ存在でなければならない。市民道徳の範疇を超えてあれこれ思考をめぐらせるような、不道徳なお母さんなんてありえない。誰もそんな風に私に教えたわけではないのだが、メディアの中の「お母さん」とはそういうものだった。道徳の守り手であるところの「お母さん」には、負のイメージもあった。平たく言えば、退屈な良書を押し付け悪書を追放するPTAババアである。いやだいやだ、どっちにもなりたくない。子供時代どころか、二児の母になった今でさえ、「お母さん」から逃げたい気持ちでいっぱいだ。

そんな母性は幻想、お母さんだって人間です。近頃では発達心理学や医学、歴史学、社会学といったアカデミズムの見地から、エビデンスを示して訴えてくれる専門家の方々も増えた。「保育園育ちでも幼稚園育ちでも発達には影響がない」「共働きで子供がダメになったというのはうそ。歴史的に見て専業主婦が主流だったのは高度成長期以降の短い期間しかない」「母親だからって無条件に子供に愛着が沸くわけではない。昔は口減らしのための子殺しも多かった」云々。ところがどれほど専門家の記事がメディアで拡散しても、「でもやっぱりお母さんが家にいて子育てすべきだよね？」という声は保守系政治家を中心に根強い。『社会はなぜ左と右にわかれるのか　対立を超えるための道徳心理学』（ジョナサン・ハイト、高橋洋訳）では、「理性崇拝は、妄想である」と断じられる。理性は単に〈象〉（＝直観）の乗り手でしかない。道徳的な思考はまず直観に基づいて方向を決められ、直観が好まない価値観なら多くの場合、理性はさっさと反論を作り出してそれを切り捨てる。理性が〈象〉の乗り手でしかなければ、エビデンスは無力だ。

それならば、私たち日本人の道徳観念の中心にいるらしい〈象〉の正体を見きわめたい。調べていくうちに、〈象〉とはまず母性幻想であるが、母性と関わりの深い自己犠牲賛美も大きいと感じられた。大けがが連発しても辞められない巨大組体操や、教員や生徒の生活を破壊するレベルで過熱する部活動などは、後者の典型だろう。私も仲間を護るためにサブキャラが特攻して戦死するロボットアニメや、ケガの痛みをこらえてプレイするスポ根マンガに感動してきたクチだ。もし自分が巨大組体操やブラック労働を強いられたら、理性で考えて逃げようとするとは思うが、そのことに多少の後ろめたさを抱くだろう。これも刷り込みの結果である。

日本人の道徳、と大きく出たからには、国民意識が生まれた明治時代までさかのぼらなくてはいけない。第一章は学校と読み物（メディア）を通じて形成された国民道徳について掘り下げた章である。これはいわば、母性幻想と自己犠牲賛美を生んだ土壌にあたる。文献にあたっているうちに戦前の文化人の文章特有の熱さがクセになり、面白さを伝えたいあまりに引用を増やした結果、だいぶ長くなってしまった。研究者の方々を差し置いて長々と偉そうに語って申し訳ない。第二章からようやく母性幻想と自己犠牲賛美の話になる。第一章を踏まえたうえで読んでいただければ、国民意識の流れについての納得感があるかと思う。第三章は主に現代の学校に関して、多くの人が疑問に思っているであろうことをとことん調べてみた。だいたいはやっぱり、母性幻想と自己犠牲賛美に基づく道徳が背景にある。

子供時代、児童書は子供だましのきれいごとばかりに思えて、あまり好きではなかった。その中で二人、この人たちの書いていることはうそじゃないな、と思える児童書作家がいた。山中恒とかこさとしである。だいぶ後になってから知ったことだが、二人とも戦時中に皇国民教育を受けて兵隊を目指し、戦後は一貫して「子供たちに修身を説き戦争を煽りながら、反省せずに戦後を生きようとする大人たち」への失望から、子供へのメッセージを送り続けた人たちだった。お仕着せの道徳ではない、本当に善くあるとはどういうことなのかをずっと考えていた作家の作品だったから、あんなに強く心をつかまれたのだと思う。そういうわけで本書の執筆にあたっては、とくに山中恒『戦時児童文学論　小川未明、浜田広介、坪田譲治に沿って』の影響を強く受けている。かこさとしの訃報は執筆中に聞いた。ひたすら悲しく、手元にある『かこさとしあそびの大星雲 10 ちえとちからわきでるあそび』を手に取ったら、

おしえてもらった　ちしきと　まなんだ　ほうそくを
わきでる　ちえと　つよい　こころで
さぁ　しっかり　だいせいうんを
のりこえてくれたまえ！

では　ごきげんよう！

という巻末のフレーズが胸にひびいた。ふたたびファシズムに飲み込まれまいと、子供たちに知識と思想を伝達してくれた人たちの命も永遠ではない。せめて思想は受け継いでいきたいと思う。

電子メディア「cakes」での連載を続けてこられたのは、河出書房新社の松尾亜紀子さんの温かい励ましと忍耐、そして率直に面白がってくれた読者の皆様の反応に負うところが大きい。この場を借りてお礼を申し上げたい。またすばらしい先行研究を残してくださった研究者の皆様にも感謝しかない。本書をご覧になってこうしたテーマに興味が深まった方がいれば、参考文献に挙げた専門書や論文にあたっていただければ幸いだ。書籍化にあたっては、引用文献があまりにも多かったために校閲スタッフの方に苦労をおかけした。私のようなボンクラが本を出せるのも、皆さんのようなプロフェッショナルのおかげです。

最後に、「面白いことを言ってお母さんの仕事の役に立つのがライターの娘の親孝行というものですわ……」といつもキレのいいツッコミとネタをくれる長女、空気を読まず天真爛漫な言動で癒してくれる次女、どんなときも優しく見守ってくれる夫にも最大限の感謝を。

二〇一八年五月　　　　　　　　　　　　　　　　堀越英美

参考文献

飯干陽『日本の子どもの読書文化史』（あずさ書店、一九九六）

三谷太一郎『日本の近代とは何であったか——問題史的考察』（岩波書店、二〇一七）

河原和枝『子ども観の近代—『赤い鳥』と「童心」の理想』（中央公論新社、一九九八）

鳥越信編著『はじめて学ぶ日本児童文学史』（ミネルヴァ書房、二〇〇一）

日本児童文学学会編『研究＝日本の児童文学2　児童文学の思想史・社会史』（東京書籍、一九九七）

石原千秋『国語教科書の思想』（筑摩書房、二〇〇五）

神島二郎『近代日本の精神構造』（岩波書店、一九六一）

前田愛『近代読者の成立』（岩波書店、二〇〇一）

山中恒『戦時児童文学論　小川未明、浜田広介、坪田譲治に沿って』（大月書店、二〇一〇）

第一章

府川源一郎『「ごんぎつね」をめぐる謎——子ども・文学・教科書』（教育出版、二〇〇〇）

鶴田清司「児童文学が教科書教材に変わるということ：「ごんぎつね」はなぜ国民的教材になったのか」（日本文学協会『日本文学』五六巻一号、二〇〇七）

有元秀文『まともな日本語を教えない勘違いだらけの国語教育』（合同出版、二〇一二）

泰羅雅登『読み聞かせは心の脳に届く』（くもん出版、二〇〇九）

森昭雄『ゲーム脳の恐怖』（日本放送出版協会、二〇〇二）

スティーヴン・D・レヴィット／スティーヴン・J・ダブナー、望月衛訳『ヤバい経済学—悪ガキ教授が世の裏側を探検する』（東洋経済新報社、二〇〇六）

American Academy of Pediatrics "Reading with children starting in infancy gives lasting literacy boost" May 4, 2017

財団法人 日本経済研究所 平成一六年度文部科学省委託事業 図書館の情報拠点化に関する調査研究「親と子の読書活動等に関する調査」

国立国会図書館「図書館調査研究リポートNo.10『子どもの情報行動に関する調査研究』」（二〇〇八）http://current.ndl.go.jp/node/8485

山田詠美編『日本の名随筆 別巻86 少女』（作品社、一九九八）

津金沢聡広「〝小新聞〟成立の社会的基盤—日本マス・コミュニケーション史研究ノート（I）—」（関西学院大学

社会学部研究会『関西学院大学社会学部紀要』一一号、一九六五）
三川智央「『西國立志編』と明治初期の「小説」観（Ⅰ）」（金沢大学大学院人間社会環境研究科『人間社会環境研究』一九号、二〇一〇）
三川智央「『西國立志編』と明治初期の「小説」観（Ⅱ）」（金沢大学大学院人間社会環境研究科『人間社会環境研究』二〇号、二〇一〇）
三川智央「明治初期の戯作の動向（Ⅰ）：仮名垣魯文・条野伝平による教部省への上申書をめぐる考察」（金沢大学大学院人間社会環境研究科『人間社会環境研究』二四号、二〇一二）
三川智央「明治初期の戯作の動向（Ⅲ）：事実性への志向」（金沢大学大学院人間社会環境研究科『人間社会環境研究』二六号、二〇一三）
野口武彦『小説（一語の辞典）』（三省堂、一九九五）
京都大学大学院・文学研究科編『世界の中の『源氏物語』―その普遍性と現代性―』（臨川書店、二〇一〇）
小谷野敦「『源氏物語』批判史序説」（岩波書店『文学』第四巻一号、二〇〇三）
大本達也「明治初期における戯作者とその動向 ――明治期における「文学」の形成過程をめぐる国民国家論（10）――」（鈴鹿国際大学『鈴鹿国際大学紀要』一九号、二〇一三）
磯貝英夫「虚実の系脈――明治初頭の小説意識――」（広島大学国語国文学会『国文学攷』四三号、一九六七）
述徳田秋声『明治小説文章変遷史』（文学普及会、一九一四）
佐々木亨「所謂「著作道書キ上ゲ」を巡って―魯文の転身―」（日本文学協会『日本文学』五六巻一〇号、二〇〇七）
野崎左文『増補 私の見た明治文壇２』（平凡社、二〇〇七）
絓秀実『日本近代文学の〈誕生〉―言文一致運動とナショナリズム』（太田出版、一九九五）
酒井晶代「明治二〇年代における「児童文学」ジャンル―幼少年雑誌を手がかりとして―」（愛知淑徳大学『愛知淑徳大学論集‐文化創造学部・文化創造研究科篇』第七号、二〇〇七）
目黒強「明治後期における課外読み物観の形成過程―『太陽』における「小説」観に着目して―」（神戸大学『神戸大学大学院人間発達環境学研究科研究紀要』八巻一号、二〇一四）
博文館『明治大正の文化』（博文館、一九二七）
桑原三郎『福澤諭吉と桃太郎』（慶應義塾大学出版会、一九九六）
青木文美「『女学雑誌』「小供談」の試み：〈児童文学〉生成期をめぐる一考察」（愛知淑徳大学国文学会『愛知淑徳大学国語国文』第二九号、二〇〇六）

鳥越信『桃太郎の運命』（ミネルヴァ書房、二〇〇四）
石井正己『ビジュアル版 日本の昔話百科』（河出書房新社、二〇一六）
三浦佑之『日本古代文学入門』（幻冬舎、二〇〇六）
巌谷小波『「おとぎばなし」をつくった巌谷小波―我が五十年』（ゆまに書房、一九九八）
巌谷大四『波の跫音―巌谷小波伝』（文藝春秋、一九九三）
千葉俊二「「少年文学」にみる子ども像」（學燈社『國文學：解釈と教材の研究』三二巻一二号、一九八七）
松山鮎子「巌谷小波の「お伽噺」論にみる明治後期の家庭教育と〈お話〉」（早稲田大学教育総合研究所『早稲田教育評論』第二六巻第一号、二〇一二）
菅忠道等編『日本児童文学大系（一）』（三一書房、一九五五）
巌谷小波『明治のお伽噺 上巻』（小学館、一九四四）
木村小舟『少年文学史 明治篇 上巻』（童話春秋社、一九四二）
「巌谷小波研究」http://www.geocities.co.jp/Bookend-Shikibu/4302/
小山静子『家庭の生成と女性の国民化』（勁草書房、一九九九）
今田絵里香『「少女」の社会史』（勁草書房、二〇〇七）
成田龍一『近代都市空間の文化経験』（岩波書店、二〇〇三）
上田信道「『少年文武』創刊号から見た中川霞城の業績」（ナダ出版センター『翻訳と歴史』第6号、二〇〇一）
内田雅克『大日本帝国の「少年」と「男性性」―少年少女雑誌に見る「ウィークネス・フォビア」―』（明石書店、二〇一〇）
岩淵宏子／菅聡子／久米依子／長谷川啓編『少女小説事典』（東京堂出版、二〇一五）
久米依子「少女小説――差異と規範の言説装置」（小森陽一／紅野謙介／高橋修編『メディア・表象・イデオロギー―明治三十年代の文化研究』所収、小沢書店、一九九七）
久米依子「構成される「少女」―明治期「少女小説」のジャンル形成―」（「日本近代文学会」編集委員会『日本近代文学』第六八集、二〇〇三）
横田順彌・會津信吾『快男児押川春浪』（徳間書店、一九九一）
飯田祐子「〈読まない読者〉から〈読めない読者〉へ―「家庭小説」からみる「文学」の成立とジェンダー化過程」（神戸女学院大学『論集』第44巻第1号、一九九七）
永井紀代子「誕生・少女たちの解放区――『少女世界』と『少女読書会』」（『女と男の時空 V鬩ぎ合う女と男 日本女性史再考』藤原書店、一九九五）
稲垣恭子『女学校と女学生――教養・たしなみ・モダン文化』（中央公論新社、二〇〇七）
嵯峨景子「『少女世界』読者投稿文にみる「美文」の出現

と「少女」規範――吉屋信子『花物語』以前の文章表現をめぐって――」（東京大学大学院情報学環編『情報学研究：東京大学大学院情報学環紀要』No. 80、二〇一一）
久津見蕨村『教育時代観』（右文館、一八九九）
伊藤銀月『現代青年論』（京華堂、一九〇七）
平石典子『煩悶青年と女学生の文学誌――「西洋」を読み替えて』（新曜社、二〇一二）
山梨あや「近代化と「読み」の変遷：読書を通じた自己形成の問題」（慶應義塾大学『慶應義塾大学大学院社会学研究科紀要』五二号、二〇〇一）
木村洋「自然主義と道徳――正宗白鳥の初期作品をめぐって」（神戸大学文学部国語国文学会『国文論叢』第44号、二〇一一）
山根宏「「恋愛」をめぐって―明治二〇年代のセクシュアリティ」（立命館大学国際言語文化研究所『立命館言語文化研究』19巻4号、二〇〇八）
日比嘉高「〈自己表象〉誕生の文化史的研究」（筑波大学、二〇〇〇）
石原千秋『百年前の私たち―雑書から見る男と女』（講談社、二〇〇七）
関口すみ子『国民道徳とジェンダー　福沢諭吉・井上哲次郎・和辻哲郎』（東京大学出版会、二〇〇七）
山田風太郎『人間臨終図巻　上　山田風太郎ベストコレクション』（KADOKAWA／角川書店、二〇一四）
高橋一郎「明治期における「小説」イメージの転換――俗悪メディアから教育的メディアへ」（北田暁大、大多和直樹編著『子どもとニューメディア』日本図書センター、二〇〇七）
小松原英太郎述『教育論』（二松堂、一九一一）
帝都教育研究会編『国定教科書編纂趣意書集成』（教育書院、一九三二）
文部省『尋常小学国語読本　巻十二』（東京書籍、一九二三）
菊池寛『恋愛と結婚の書』（モダン日本社、一九三五）
文部省『尋常小学読本　巻八』（博文館、一九〇四）
武藤清吾「芥川龍之介編『近代日本文芸読本』と大正・昭和前期の国語教育」（広島経済大学経済学会『広島経済大学研究論集』29巻4号、二〇〇七）
片上伸『文芸教育論』（文教書院、一九二二）
洪世峨「厨川白村『近代の恋愛観』への考察―大正期恋愛ブームの意義を問う―」（専修大学日本語日本文学文化学会『専修国文』第92号、二〇一三）
中河伸俊、永井良和『子どもというレトリック　無垢の誘惑』（青弓社、一九九三）
松田道雄『私の読んだ本』（岩波書店、一九七一）
幸田文『幸田文全集　第一巻』（中央公論社、一九五八）
林芙美子『絵本猿飛佐助』（講談社、一九九六）
小森陽一編『岩波講座　文学〈6〉虚構の愉しみ』（岩波書

店、二〇〇三)
『別冊　解説　赤い鳥の本』(ほるぷ出版、一九六九)
尾崎秀樹『思い出の少年倶楽部時代―なつかしの名作博覧会』(講談社、一九九七)
桑原三郎『少年倶楽部の頃――昭和前期の児童文学――』(慶應通信、一九八七)
諸井耕二「旧制中学校教科書：岩波編集部編『国語』全十巻をめぐって」(宇部工業高等専門学校『宇部工業高等専門学校研究報告』第三六号、一九九〇)
岩波編集部編『国語　学習指導の研究　巻十』(岩波書店、一九三七)
加藤理、川勝泰介、浅岡靖央編『児童文化と学校外教育の戦中戦後(叢書 児童文化の歴史Ⅱ)』(港の人、二〇一二)
滑川道夫『体験的児童文化史』(国土社、一九九三)
山中恒『ボクラ少国民』(講談社、一九八九)

第二章

石子順造『子守唄はなぜ哀しいか　近代日本の母像』(柏書房、二〇〇六)
宋美玄/姜昌勲/NATROM/森戸やすみ/堀成美ほか『各分野の専門家が伝える 子どもを守るために知っておきたいこと』(メタモル出版、二〇一六)
中嶌邦「日本近代の国家と母性」(BOC出版部『あごら』一九号、一九七八)
久武綾子「教科書にみられる「家族像」―総集編、戦前の教科書の場合―」(愛知教育大学『愛知教育大学研究報告 芸術・保健体育・家政・技術科学』38巻、一九八九)
沢山美果子「近代日本における「母性」の強調とその意味」(人間文化研究会編『女性と文化―社会・母性・歴史―』白馬出版、一九七九)
三木卓『北原白秋』(筑摩書房、二〇〇五)
中野敏男『詩歌と戦争――白秋と民衆、総力戦への「道」』(NHK出版、二〇一二)
北原白秋『白秋全集　20　詩文評論 6』(岩波書店、一九八六)
増井真琴「小川未明と日本少国民文化協会：日中・『大東亜』戦争下の歩み」(北海道大学文学研究科『北海道大学大学院文学研究科　研究論集』第一七号、二〇一七)
小原國芳『国民学校研究叢書 第1巻 国民学校案』(玉川学園出版部、一九四〇)
上村哲弥『親たるの道：科学的進歩的な愛児の導き方』(日本両親再教育協会、一九三七)
上村哲弥『生命を育むもの　続・親たるの道』(日本両親再教育協会、一九三八)
上村哲弥『両親再教育と子供研究』(日本両親再教育協会、一九三八)
『伊藤野枝全集　下』(學藝書林、一九七〇)
加納実紀代編著『自我の彼方へ　近代を超えるフェミニズ

ム』（社会評論社、一九九〇）
奥村典子『動員される母親たち――戦時下における家庭教育振興政策』（六花出版、二〇一四）
金子省子「日本両親再教育協会について――日本の親教育の系譜に関する研究」（愛媛大学教育学部『愛媛大学教育学部紀要　第Ⅰ部　教育科学』三八巻二号、一九九二）
志村聡子『一九三〇年代日本における家庭教育振興の思想「教育する母親」を問題化した人々』（三元社、二〇一二）
岩竹美加子『ＰＴＡという国家装置』（青弓社、二〇一七）
小針誠「大正新教育運動のパラドックス―通説の再検討を通じて――」（日本子ども社会学会『子ども社会研究』第21号、一九九五）
桑原桃音「平塚らいてうのロマンチック・ラブと近代家族に関する思想と実践にみる葛藤とゆらぎ――１８９０から１９１０年代を中心に――」（龍谷大学『龍谷大学国際社会文化研究所紀要』第14号、二〇一二）
玉川大学・玉川学園公式サイト「玉川豆知識 No. 36　ＮＨＫ朝のドラマ『とと姉ちゃん』にも登場した平塚らいてうと玉川学園」（二〇一六）http://www.tamagawa.jp/social/useful/tamagawa_trivia/tamagawa_trivia-36.html

第三章

内田良『教育という病　子どもと先生を苦しめる「教育リスク」』（光文社、二〇一五）
山村賢明『日本人と母―文化としての母の観念についての研究―』（東洋館出版社、一九七一）
大山真弘『お母さんにしてもらったことは何ですか？』（サンマーク出版、二〇一二）
滑川道夫『体験的児童文化史』
小林良枝「国語教育と朗読」（早稲田大学大学院社会科学研究科『ソシオサイエンス』18巻、第一八号、二〇一二）
有本真紀『卒業式の歴史学』（講談社、二〇一三）
狩野浩二「島小の教育実践―学校行事―」（鹿児島大学『鹿児島大学教育学部研究紀要　教育科学編』第五五巻、二〇〇四）
吉見俊哉、白幡洋三郎、平田宗史他『運動会と日本近代』（青弓社、一九九九）
山本信良、今野敏彦『近代教育の天皇制イデオロギー――明治期学校行事の考察』（新泉社、一九七三）
山本信良、今野敏彦『大正・昭和教育の天皇制イデオロギーⅡ　学校行事の軍事的・擬似自治的性格』（新泉社、一九八六）
高木菊治郎編『各種学校運動会競争遊戯全集』（学海指針社、一九〇四）
宮井鎮男、山川三麿編『兵式体操教範』（上海新智社東京分局、一九〇七）
樋口巖「明治時代における鳳鳴義塾の体育について（第２報）」（一般社団法人　日本体育学会『体育学研究』八巻一

号、一九六三）
函館市中央図書館デジタル資料館「函館師範学校創立記念第三回陸上大運動会（人梯）」http://archives.c.fun.ac.jp/fronts/detail/postcards/580f94a81a5572ad4600081a
軍医少尉の資料館【広島陸軍幼年学校】http://www.roswitha.jp/shiriyoukan.html
『マイナビニュース』二〇一六年三月一日「組み体操、一律中止にはせず―東京都『判断は各学校で』」https://news.mynavi.jp/article/20160301-a016/
清水良典『作文する小説家』（筑摩書房、一九九三）
高橋修「作文教育のディスクール――〈日常〉の発見と写生文」（小森陽一／紅野謙介／高橋修編『メディア・表象・イデオロギー―明治三十年代の文化研究』所収、小沢書店、一九九七）
出雲俊江「『赤い鳥』綴方における鈴木三重吉の人間教育」（広島大学大学院教育学研究科『広島大学大学院教育学研究科紀要．第一部、学習開発関連領域』五七号、二〇〇八）
鈴木三重吉『綴方読本』（天理時報社、一九四八）
増田信一「作文教育史における「作文」と「綴り方」」（奈良教育大学国文学会『奈良教育大学国文：研究と教育』二一巻、一九九八）
加古有子「刊行された「おおきなかぶ」の表現比較研究」（全国大学国語教育学会『全国大学国語教育学会発表要旨集』一二四巻、二〇一三）
府川源一郎『「ごんぎつね」をめぐる謎――子ども・文学・教科書』（教育出版、二〇〇〇）
野中潤「定番教材の誕生「こころ」「舞姫」「羅生門」」（WEBサイト『ちくまの教科書』国語通信 http://www.chikumashobo.co.jp/kyoukasho/tsushin/rensai/）
長田真紀「小川未明論―母と子の問題を中心に―」（上田女子短期大学公開講座係『語る：上田女子短期大学公開講座』、一九九九）
日本児童文学者協会『国語教科書攻撃と児童文学』（青木書店、一九八一）
赤座憲久『再考　新美南吉』（エフエー出版、一九九三）
『校定　新美南吉全集　第一一巻　日記・ノートⅡ』（大日本図書、一九八一）
『校定　新美南吉全集　第一二巻　日記・ノートⅢ・書簡・画帖』（大日本図書、一九八一）
佐藤泉『国語教科書の戦後史』（勁草書房、二〇〇六）
志村聡子『一九三〇年代日本における家庭教育振興の思想「教育する母親」を問題化した人々』（三元社、二〇一二）
功刀俊雄「小学校体育科における「知識」領域の指導：教材「星野君の二塁打」の検討（二）」（奈良女子大学『教育システム研究』第4号、二〇〇八）
坂上康博『にっぽん野球の系譜学』（青弓社、二〇〇一）

本書は「cakes」にて二〇一七年一〇月〜二〇一八年三月に連載された「不道徳お母さん講座」を大幅に改稿し、書き下ろしを加えたものです。

堀越英美（ほりこし・ひでみ）
一九七三年生まれ。ライター。早稲田大学第一文学部卒業。著書に『萌える日本文学』（幻冬舎）、「ピンク」という色の社会的意味を考察した『女の子は本当にピンクが好きなのか』（ele-king books）。翻訳書に、テクノロジーや空想の世界を親子で共有するための指南書、ナタリア・バロン他『ギークマム　21世紀のママと家族のための実験、工作、冒険アイデア』（共訳、オライリー・ジャパン）がある。二女の母。

不道徳お母さん講座
私たちはなぜ母性と自己犠牲に感動するのか

２０１８年７月30日　初版発行
２０１８年12月10日　４刷発行

著者　堀越英美
発行者　小野寺優
発行所　株式会社河出書房新社
〒１５１−００５１
東京都渋谷区千駄ヶ谷２−32−２
電話　０３−３４０４−１２０１（営業）
０３−３４０４−８６１１（編集）
http://www.kawade.co.jp/
組版　KAWADE DTP WORKS
印刷　株式会社暁印刷
製本　小髙製本工業株式会社

Printed in Japan
ISBN978-4-309-02715-9